GTB
Gütersloher Taschenbücher
1169

Wolfgang Hohensee
Geboren 1955, ist Pastor einer Evangelisch-Lutherischen Gemeinde in Hamburg-Rönneburg.

Wolfgang Hohensee

Sieben Wochen für die Seele

Ein spiritueller Fastenbegleiter

Gütersloher Verlagshaus

Originalausgabe

Die Deutsche Bibliothek - CIP-Einheitsaufnahme

Hohensee, Wolfgang:
Sieben Wochen für die Seele : ein spiritueller Fastenbegleiter /
Wolfgang Hohensee. – Gütersloh : Gütersloher Verl.-Haus, 2002
(Gütersloher Taschenbücher ; 1169)
ISBN 3-579-01169-3

ISBN 3-579-01169-3

Umschlaggestaltung: Init GmbH, Bielefeld unter Verwendung
einer Fotografie von Getty Images/Cardoni
Satz: DTP-Service Decker, Vechelde
Druck und Bindung: Elsnerdruck, Berlin
Gedruckt auf chlorfrei gebleichtem Werkdruckpapier
Printed in Germany

Besuchen Sie uns im Internet: http://www.gtvh.de

Inhalt

Zweiter Teil
Praktische Übungen und Anregungen zur spirituellen Begleitung des Fastens

Vorwort

Verzicht nimmt nicht.
Verzicht gibt.
Er gibt die unerschöpfliche Kraft
des Einfachen.

Martin Heidegger

Das Fasten hat in den letzten Jahren mehr und mehr Menschen zum Mitmachen gewinnen können. Besonders das Heilfasten, aber auch das Fasten, um einige Pfunde zu verlieren, hat in unserem Land an Bedeutung gewonnen. Während ich dieses Buch schreibe, faste ich ebenfalls. »Sieben Wochen für die Seele«, so heißt dieses Buch, und ich habe mir vorgenommen, es in den nächsten sieben Wochen meiner Seele gut gehen zu lassen. Ich möchte Mut machen, Neues auszuprobieren, sodass wir plötzlich staunen können über Möglichkeiten, die im Verzicht bzw. in der besseren Auswahl liegen. Ich möchte zum Fasten als verborgene Lebensquelle ermutigen. Fasten als Speise für die Seele.

Um zum eigentlichen Kern einer Sache vorzustoßen, müssen wir zuerst verstehen, dass jeder Begriff, jede Vorstellung von der Wirklichkeit diese bereits verzerrt. Ein Begriff ist nicht die Wirklichkeit und der Begriff »Fasten« löst bei den Menschen ganz unterschiedliche Assoziationen aus. Vorstellungen ausschließlich von Verzicht, Hungern und Abnehmen tauchen schnell auf.

Um das Fasten an sich zu *be-greifen*, muss ich das Fasten für mich erfahrbar machen. Sie können Vorträge hören, Bücher lesen oder Seminare zum Thema Fasten wahrnehmen, aber wollen Sie wirklich mit dem Fasten in Berührung kommen, so müssen Sie den Begriff vom Fasten vergessen und mit Körper, Seele und Geist das Sein des Fastens selbst erleben.

So wie ein Weg eine Einladung zum Denken sein kann, so möchte das Fasten eine Begegnung mit unserem eigenen Körper sein. Auch dieses Buch kann nur eine Einladung sein, sich selbst auf den spirituellen Pfad des Fastens zu begeben. Es versteht sich als Erfahrungsbericht, Entdeckungsreise und Einladung. Es möchte dazu beitragen, Augenblicke von Glück zu schenken, indem es Sie ermutigt, sich zu neuen Erfahrungen aufzumachen und das Fenster zur eigenen Seele einen Spalt zu öffnen.

Ich möchte Ihnen im zweiten, praktischen Teil von mir berichten, wie es mir selbst ergeht. Sieben Wochen faste ich, und verzichte auf unterschiedliche Gewohnheiten, um eine geistliche und geistige Klarheit zu gewinnen, denn Äußeres und Inneres, Fasten und Einstellung dazu bedingen einander. Wir werden uns selten sieben Wochen ganz aus dem Alltag und dem Rhythmus unserer Lebensstrukturen herausstehlen können, deshalb will ich es selbst auch nicht versuchen. Ich möchte vielmehr anregen, inmitten unserer Hektik, Arbeit, Familie und Verpflichtungen eine Oase zu finden, die uns die Kraft gibt, inmitten des Alltags die unerschöpfliche Kraft des Lebens zu erfahren. Unsere Lebensbedingungen zu ändern, das ist meistens nicht möglich. So bleibt uns nur die Möglichkeit, die Art und Weise und unsere Sichtweise zu verbessern, also wie wir mit unseren Lebensbedingungen umgehen.

Das Konzept dieses Buches habe ich mir vor einiger Zeit überlegt, doch nun soll es darum gehen, in diesen sieben Wochen das Gerüst mit Leben zu füllen. Leben, das der eigenen Erfahrung entspringt, denn nur so kann es gelingen, auch andere Menschen für das Fasten zu gewinnen und damit die Bereicherung für die Seele zu erfahren.

Wolfgang Hohensee

Zum Umgang mit diesem Buch

Das Fasten beinhaltet einen doppelten Aspekt: Zum einen meint es Verzicht und zum anderen bedeutet es Bereicherung. Von Natur aus ist das Fasten Leben, das sich dem erschließt, der sich dafür öffnet.

Grundsätzlich gehören das Heilfasten und das religiöse Fasten zusammen und der große Verdienst des Heilfastenarztes Dr. Otto Buchinger war es, gerade diese Ganzheitlichkeit neu zu betonen, denn Körper und Geist bedingen einander. Unter Heilfasten versteht man den freiwilligen Verzicht auf feste Nahrungs- und Genussmittel für eine begrenzte Zeit. Dieser Verzicht wird begleitet von einer reichlichen aber bewussten Flüssigkeitszufuhr. Beim längeren Heilfasten verbrennt der Körper vor allem Fettreserven zur Energiegewinnung für den Stoffwechsel. Diese Fastenform sollte nur in Verbindung mit ärztlicher Begleitung geschehen.

Das Heilfasten, gerade weil wir noch so ungeübt darin sind, sollte spezialisierten Fastenkliniken und der ärztlichen Begleitung vorbehalten werden. Deshalb konzentriert sich dieses Buch auf den Aspekt des seelisch-geistigen Gewinns, der durch das Fasten erzielt werden kann.

Zugleich muss auf eine Gefahr hingewiesen werden: Das Fasten darf nicht zu einer Haltung der Lebensverneinung führen (etwa in der Magersucht, in der man seinen Körper, ja sich selbst ablehnt). Auch darf das Fasten nicht zu einer asketischen Leistung werden, die das eigene Selbstwertgefühl steigert. Auf der anderen Seite täte es uns auch heute gut, unsere Frömmigkeit nicht nur durch Worte, sondern auch körperlich auszudrücken.

Dieses Buch versteht sich als Orientierungshilfe und zeichnet im ersten Teil einige Grundlinien zum Verständnis des Fastens auf.

Die praktischen Übungen im zweiten Teil des Buches laden ein, einmal bewusst und freiwillig auf bestimmte Gewohnheiten zu verzichten. Einfach anfangen! Es werden weitere Impulse gegeben, sich sieben Wochen durch Texte, Übungen und Gebete auf eigenes Fasten und Besinnen einzulassen, um durch Verzicht und Gewinn sich selbst jeden Tag ein bisschen näher zu kommen.

Die Übungen sind bewusst sehr verschieden gehalten, und nicht jede Übung wird zum gleichen Erfolg führen. Sie dienen vor allem dazu, ergänzende und vertiefende Impulse für das spirituelle Fasten zu geben, indem ich es wage, mich unbequemen Fragen zu stellen.

Auf eine methodische Hinführung zur Entspannung (Stille, richtig Sitzen, Atemtechnik, Muskelentspannung usw.) habe ich verzichtet, denn eine Fülle von Meditationsbüchern bietet hier bereits eine gute Anleitung.

Zeichen für richtiges Fasten ist die innere Freiheit, die sich darin äußert, dass man gut und gerne feiern, essen und trinken und zugleich mit innerer Freude verzichten kann.

ERSTER TEIL

Dem Geheimnis des Fastens begegnen

Begriffsklärung

Der Altvater Kassian erzählte: »Ich und der heilige Germanos kamen einmal nach Ägypten zu einem Altvater. Er erwies uns Gastfreundschaft, und wir fragten ihn: ›Warum haltet ihr zurzeit der Aufnahme von Gästen, die Brüder sind, die Regel eures Fastens nicht, wie wir sie in Palästina übernommen haben?‹ Er antwortete: ›Das Fasten ist allezeit bei mir, euch jedoch kann ich nicht mehr bei mir haben. Das Fasten ist eine nützliche und notwendige Sache. Es hängt aber von unserer Entscheidung ab. Die Erfüllung der Liebe aber verlangt mit Notwendigkeit das Gesetz Gottes. In euch nun nehmen wir Christus auf. Darum muss ich mit allem Eifer darauf sein. Wenn ich euch dann entlasse, kann ich die Regel des Fastens wieder aufnehmen.‹«

In meinem Wörterbuch findet sich unter dem Stichwort »fasten« der kurze Hinweis: »Für eine bestimmte Zeit wenig oder nichts essen; weil sie zu dick ist, will sie eine Woche fasten.« Damit wird eine gängige, aber einseitige Bedeutung für das Fasten gegeben.

Vorchristliche Wörter für »fasten« in den alten Sprachen bezeichnen entweder einfach das »Nicht-Essen« (griech. *nestis* = nicht essend, fastend, nüchtern) oder sie sind Ausdruck für das kultische Fasten (griech. *hagnós* = eigentlich, heilig, rein). Bei der Bezeichnung für das christliche Fasten wurde im Griechischen und Lateinischen nicht auf die kultischen, sondern die einfachen Wörter zurückgegriffen, während sich das germanische Wort wohl von einem alten Wort für ein kultisches Fasten herleitet. Das deutsche Verb »fasten« ist abgeleitet von dem Wort »fest« und bedeutete zunächst festhalten, beobachten oder bewachen. Diese Bedeutung wird auch in der englischen Sprache unterstrichen, in der »fasten« auch befestigen, festmachen oder anbinden bedeuten kann. Wahrscheinlich ist der wichtige christliche Begriff der Enthaltsamkeit zuerst von der ostgotischen Kirche in dieses Wort gelegt worden. Es wurde in dem Sinne gebraucht, dass man sich an den (Fasten-)Geboten festhalten sollte.

Was aber meint das Wort »fasten« heute? Um einen Irrtum gleich vorweg zu klären: Fasten meint nicht ausschließlich Hungern (denn diese Variante gibt es auf jeden Fall – Fasten als Verzicht auf Nahrung), sondern birgt die Umkehr zum erfüllenden Leben. Indem ich auf bestimmte Dinge verzichte, die mir wichtig sind, schaffe ich einen Freiraum für neue spirituelle Erfahrungen, die mich mir selbst und Gott näher zu bringen vermögen.

Grundsätzlich gilt es, zwei verschiedene Formen des Fastens zu unterscheiden: das Heilfasten und das religiöse Fasten. Der Heilfastenarzt, Dr. Otto Buchinger, schreibt in seinem Heilfastenbuch, das bis heute nichts an Aktualität verloren hat: »Das religiöse wie das gesundheitliche Fasten gingen beim alten Kulturmenschen ineinander über, weil seine Medizin theurgisch war und seine Könige, Priester, Propheten, Eingeweihten und Adepten schon von jeher die Erfahrung gewannen, dass das strenge Fasten den Körper nicht nur von Krankheiten befreie, sondern auch ... im gleichen Maße den ›inneren Menschen‹ aus unerwünschten, quälenden und hemmenden Bedingungen und Engen zu lösen vermöge.«

Die Wiederentdeckung des Fastens in der heutigen Zeit

Das Fasten ist die Speise der Seele. Wie die körperliche Speise stärkt, so macht das Fasten die Seele kräftiger und verschafft ihr bewegliche Flügel, hebt sie empor und lässt sie über himmlische Dinge nachdenken, indem es sie über Lüste und die Freuden des gegenwärtigen Lebens erhaben macht.

Wie leichte Fahrzeuge das Meer schneller durchqueren, schwerbelastete Schiffe aber untergehen, so macht das Fasten die Gedanken leichter.

Johannes Chrysostomus (354 – 407)

Das Fasten hat eine lange Geschichte und ist in unserer Kultur über weite Strecken in die Vergessenheit geraten. In unserer westlichen Welt hat die Wiederentdeckung des Fastens mit der tiefen Sehnsucht des Menschen zu tun.

Der Mensch hat eine Ahnung von der ursprünglichen Harmonie zwischen Körper und Seele: *Mens sana in corpore sano.* Übersetzt: In einem gesunden Körper (wohnt) ein gesunder Geist. Heute versteht man diese Sentenz dahin, dass einem gesunden Körper auch ein gesunder Geist entsprechen müsse. In der Antike wurde darunter eine Anrufung der Götter verstanden, sie mögen einem Kinde sowohl einen gesunden Körper als auch eine gesunde, d. h. tapfere Gesinnung schenken (Sentenz nach Juvenal, 60 – 140).

Körper und Geist bedingen einander und wollen gesund leben und müssen dementsprechend gepflegt werden. Die meisten Menschen warten zwar regelmäßig ihr Auto, aber an ihren eigenen »Motor« Körper denken sie nur wenig. Eine Vielzahl von Krankheiten gehen heute auf die falsche und ungesunde Ernährung und auf den Raubbau, den Menschen mit ihrem Körper treiben, zurück. Vielleicht ist das mit ein Grund dafür, warum das Fasten in den letzten Jahren mehr und mehr entdeckt bzw. als alter Schatz neu ausgegraben worden ist.

Fasten ist wie ein Frühjahrsputz für die Seele, denn es gibt in uns Menschen eine Sehnsucht nach einer heilen Welt und nach gelingendem Leben. Wir wollen Augenblicke des Glücks, der Zufriedenheit und des Wohlgefühls erleben, aber allein der Wunsch und die Sehnsucht reichen nicht aus. Wir müssen uns Räume schaffen, d. h. äußere Voraussetzungen dafür, dass wir Zufriedenheit, Glück und Geborgenheit gleichsam in uns aufnehmen können, als ob wir sie einatmeten. Natürlich gibt es dazu viele Möglichkeiten: ein Spaziergang am Meer, der Besuch einer Ausstellung, das Einüben in die Stille – und auch das Fasten.

Sowohl von der Medizin als auch im religiösen Kontext wurde das Fasten als Heilungsmöglichkeit gegen die typischen Krankheiten der heutigen Wohlstandsgesellschaft wiederentdeckt. Vor allem bei Zivilisationskrankheiten wie Rheuma und Arthritis wird das Fasten von der Medizin empfohlen.

Dabei kann das Heilfasten auf eine lange Geschichte zurückblicken. Schon der griechische Philosoph Heraklit stellte vor 2500 Jahren fest, dass man dem Körper nur helfen kann, sich selbst zu heilen. Die deutsche Mystikerin Hildegard von Bingen (1098 – 1179) empfiehlt ebenfalls das Fasten, und sie beschreibt es als ein Heilmittel gegen krankmachende Laster, wie Schlemmerei und Wollust. Sie hinterließ eine Naturkunde (*Liber subtilitatum diversarum naturae creaturarum*), die in ihrem zweiten Teil eine Beschreibung zahlreicher Krankheiten und ihre Behandlung, vor allem durch Fasten und Heilkräuter, enthält. Das Fasten war also offensichtlich bereits vor 1000 Jahren allgemein üblich. Als den »inneren Arzt« und damit als selbstregulierender Mechanismus bezeichnet Paracelsus das Fasten. Die Form des Fastens war dabei in erster Linie durch den Verzicht auf Speisen bestimmt.

Wenn wir heute vom Fasten reden, so meinen wir damit nicht Verzicht, sondern möchten uns in erster Linie auch auf die Spur des ganzheitlichen Lebens begeben. Es geht um das rechte Verhältnis zwischen Genuss und Verzicht.

Wir kämen nicht auf den Gedanken, die Nahrungsaufnahme als nicht zum Leben gehörig zu betrachten. Der rechte Umgang mit Essen und Trinken wirkt sich auf den Geist positiv aus, während ein Sich-voll-Stopfen den Geist abstumpft und den Menschen gegenüber anderen verschließt.

Der Mensch muss essen, um leben zu können. Ebenso ist es mit dem Schlafen. Könnte es nicht sein, dass in unserer konsumorientierten Zeit das Fasten aus dem Blickfeld gerückt worden ist, weil es keine konsumorientierte Verwertbarkeit bietet? Andersherum gefragt: Ist nicht das Fasten gerade in den Bereichen neu entdeckt worden, die mit wirtschaftlichen Interessen einhergehen? Die Internetseiten bieten eine Fülle von Hinweisen. Unter dem Stichwort »Fasten« werden Angebote wie Yoga, Wandern, Meditation, Wohlfühlwochenenden und Wellness offeriert.

Wer hat Interesse, dass ich alleine für mich faste, dass ich es mir gut gehen lasse? Niemand hat ein Interesse daran, dass ich alleine faste. Im Gegenteil, denn für diese Zeit falle ich als Konsument aus. Interesse am Fasten kann immer nur das eigene Ich haben. Und so spüren heute immer mehr

Menschen, dass die Hinwendung der Erlebnisgesellschaft zu den Extremen mehr und mehr zu Unbehagen führt, denn die Jagd nach dem vermeintlichen Glück führt oft genug ins Gegenteil und nicht alles, was füllt, *er-füllt* uns Menschen auch.

Der gegenwärtige Trend, den wir Individualisierung nennen, ist für viele Menschen nicht mehr auszuhalten. Es ist das Suchen einer nach mehr strebenden geistigen, sozialen und materiellen Mobilität. Diese Individualisierung stößt an Grenzen, sofern sie sich nicht auf die eigene Freiheit richtet, sondern immer der Angst hinterherlaufen muss, nicht genug zu bekommen. Und bekanntlich gibt es kein »Genug« gegen die Angst, nicht genug zu bekommen. Einer Angst, die in ihrer extremsten Form narzisstische und antisoziale Formen annimmt.

Uns Menschen gemeinsam ist jedoch der tiefe Wunsch, nach einem Leben, das in der Würde der eigenen Freiheit begründet ist. Wir wollen leben, staunen und glücklich sein. Aber die Freiheit der Menschen hat uns vor die Qual der Wahl gesetzt, die Milan Kundera »die unerträgliche Leichtigkeit des Seins« genannt hat. Und so müssen wir aus dem vielfältigen Angebot von Sinn stiftenden Lebensentwürfen wählen. Und wir merken oft: Nicht alles, was befriedigt, schenkt tiefen Frieden. Die Erfahrung des Fastens will uns daher unterstützen, uns anleiten und helfen, indem wir *aus-wählen.* Das Fasten unterstützt uns dabei, das Unbewusste ins Bewusste zu heben.

Auch die christlichen Kirchen sind dabei, das Fasten als Ausdruck des Glaubens (nicht im Sinne einer Leistung) den Menschen neu ans Herz zu legen. Zu lange hat man den Dualismus von Leib und Seele betont. Der reine Dualismus, der in seiner extremsten Form besonders von Leibniz und Descartes vertreten wurde, leugnet jede Wechselwirkung, jede gegenseitige Beeinflussung zwischen Körper und Seele.

Auch die antike Lehre des Gnostizismus trug dazu bei, dass die gegensätzliche Zweiheit zwischen gutem Geist und schlechtem Körper betont wurde. Es wurde gelehrt, dass das wahre Selbst des Menschen (guter Geist) ein Teil des göttlichen Seins ist, der sich durch einen Sturz in die Materie (schlechter Körper) verloren hat. Es entstand der Dualismus zwischen einer gegensätzlichen Zweiheit von (gutem) Geist und (schlechtem) Körper.

Sowohl medizinisch-empirische Untersuchungen als auch die heutige Anthropologie betonen immer wieder die Ganzheit menschlichen Seins. Damit ist auch das Fasten sowohl aus der rein geistigen als auch rein körperlichen Haltung heraus befreit.

Die Fastenpraxis u.a. in der Bibel und der alten Kirche

»Warum fasten wir, und du siehst es nicht an? Warum kasteien wir unseren Leib, und du willst's nicht wissen?« – Siehe, an dem Tag, da ihr fastet, geht ihr doch euren Geschäften nach und bedrückt alle eure Arbeiter. Siehe, wenn ihr fastet, hadert und zankt ihr und schlagt mit gottloser Faust drein. Ihr sollt nicht so fasten, wie ihr jetzt tut, wenn eure Stimme in der Höhe gehört werden soll.

Soll das ein Fasten sein, an dem ich Gefallen habe, ein Tag, an dem man sich kasteit, wenn ein Mensch seinen Kopf hängen lässt wie Schilf und in Sack und Asche sich bettet? Wollt ihr das ein Fasten nennen und einen Tag, an dem der HERR Wohlgefallen hat?

Das aber ist ein Fasten, an dem ich Gefallen habe: Lass los, die du mit Unrecht gebunden hast, lass ledig, auf die du das Joch gelegt hast! Gib frei, die du bedrückst, reiß jedes Joch weg!

Brich dem Hungrigen dein Brot, und die im Elend ohne Obdach sind, führe ins Haus! Wenn du einen nackt siehst, so kleide ihn, und entzieh dich nicht deinem Fleisch und Blut!

Dann wird dein Licht hervorbrechen wie die Morgenröte, und deine Heilung wird schnell voranschreiten, und deine Gerechtigkeit wird vor dir hergehen, und die Herrlichkeit des HERRN wird deinen Zug beschließen.

Jesaja 58,3-8

Die Praxis des Fastens ist keine kirchliche Erfindung. Sowohl das Gesetz des Judentums als auch die Anschauungen aus der griechisch-römischen Welt haben dazu beigetragen, dass das Fasten in das Christentum Einzug halten konnte. Die Formen des Fastens waren dabei unterschiedlich und reichten vom Verzicht auf bestimmte Speisen (z. B. Fleischgerichte) bis hin zum vollständigen Verzicht auf sämtliche Speisen.

Vom israelitisch-jüdischen Gesetz war nur der Versöhnungstag (hebr. *Jom Kippur*) zum Fasten streng geboten. Er findet am 10. Tischri (erster Monat des jüdischen Kalenders; September/Oktober) statt (vergl. 3. Mose 16). Für Juden ist es der höchste und zugleich persönlichste Feiertag, dessen Anspruch sich kaum jemand entziehen kann. Der Versöhnungstag wird bei den Juden mit größter Hingabe begangen. Gottesdienste dauern den ganzen Tag und viele Beter tragen ihre weißen Sterbegewänder. In biblischer Zeit war dies der einzige Tag im Jahr, an dem der Hohe Priester das Allerheiligste des Tempels betrat, um es mit Opferblut zu besprengen. Dieser Tag hatte auch die Funktion der Sühne. Dazu wurden früher in einer Zeremonie die Sünden des Volkes symbolisch einem Bock aufgeladen, der dann als »Sündenbock« in die Wüste geschickt wurde (vergl. 3. Mose 16, 21-22).

Später hielten die Frommen den Montag und Donnerstag als Fastentag ein. Das Fasten war Ausdruck der Sühne und beinhaltete zugleich den Willen zur Umkehr. Im Fasten bekannten sich die Juden vor Gott als Sünder und baten um Vergebung und um Hilfe. Das Fasten war ein Ausdruck dafür, dass man es nun ernst meinte. Im Fasten bekannte sich der Jude als Sünder vor Gott und bekundete auch mit seinem Körper die Bereitschaft zur Umkehr.

Gleichzeitig verstärkte das Fasten die Kraft des Gebetes um Erlangung von Offenbarungen. Es galt als Zeichen eines frommen und gottgefälligen Lebens. Der Talmud lehrt: »Wer betet, ohne erhört zu werden, muss zu fasten beginnen.«

Fasten, Gebet und das Geben von Almosen bilden die Trias der guten Werke. Dabei hat das Fasten eine innere Beziehung zum Almosengeben und zum Beten.

Später wurde im Judentum diese Praxis vor allem durch die Propheten kritisiert, da diese Fastenpraxis nicht mehr der inneren Läuterung diente. Religiöse Übungen waren sinnlos, wenn dabei doch jeder nur an sich dachte. Das war die Kritik der Propheten. An die Stelle einer letztlich egoistischen Selbstkasteiung sollte als wahres Fasten ein Opfer treten, das dem notleidenden Nächsten zugute kam.

In der griechisch-römischen Welt wurde das Fasten in den Mysterienreligionen praktiziert. Bei Kulthandlungen zur Verehrung der griechischen Gottheiten hatte die rituelle Nahrungsenthaltung einen festen Platz. Zur Vorbereitung der Opferzeit für ihre Toten und für die Sühnegötter wurde ebenfalls gefastet.

Auch die Philosophie bediente sich der Fastenpraxis. Seit der Gnosis wurde das Fasten als Weg zur Erlangung göttlicher Geheimnisse verstanden (Tertullian). Das Fasten machte den Menschen durchlässig für Gott, schärfte den Sinn für das Überirdische und ermöglichte mystische Erfahrungen. Durch das Fasten sollte der Körper vergeistigt und eine Verbindung mit Gott geschaffen werden.

In den antiken Philosophenschulen (Epikureer, Neuplatoniker, Stoiker, Kyniker) wurde eine feste Fastentradition entwickelt. Pythagoras empfahl seinen Schülern ein vierzigtägiges Fasten, um dadurch ihren Verstand und ihre Sinne zu schärfen. Es ist festzustellen, dass für die philosophischen Schulen der Kyniker, der Stoa, der Epikureer und der Pythagorer das Fasten ein beliebtes asketisches Mittel war, das den Menschen zur inneren Freiheit und Bedürfnislosigkeit führen und mit Gott vereinen sollte.

Auch der römische Philosoph Seneca und der Staatsmann Cicero haben das Fasten als geistige Lebensbereicherung erfahren. Cicero (106 – 43 v. Chr.) schreibt: »Der Geist erkennt das Innerste der Natur aller Dinge, wenn er vorbereitet durch Nüchternheit in Essen und Trinken Nachtwache hält.«

In der Mantik (Kunst des Wahrsagens; griech. *Seher*) erhoffte man sich vom Fasten das Sehen geheimer Dinge und in der Medizin wurde das Fasten gegen entzündliche Krankheiten eingesetzt.

Im Neuen Testament ist nur sehr wenig vom Fasten die Rede. Jesus fastete vierzig Tage in der Wüste als Vorbereitung auf seine messianische Tätigkeit. Viele Deutungsversuche sind gegeben worden, um den Grund des Fastens bei Jesus zu verstehen. Von der Psychologie kennen wir z. B. die Begründung, dass Christus das Fasten in der Wüste wählte, um damit in unseren Schatten hinabzusteigen und auch all das Unbewusste in uns zu erlösen. Jesus entzog sich damit dem Lärm und der Menge. Er ist allerdings frei von asketischer Ängstlichkeit und wird von den Pharisäern deshalb als Schlemmer und Weintrinker bezeichnet. Jesus lehnt das Fasten aber in keiner Weise ab, sondern er gibt sogar Anweisungen zum rechten Fasten: »Wenn ihr fastet, sollt ihr nicht sauer dreinsehen wie die Heuchler; denn sie verstellen ihr Gesicht, um sich vor den Leuten zu zeigen mit ihrem Fasten. Wahrlich, ich sage euch: Sie haben ihren Lohn schon gehabt. Wenn du aber fastest, so salbe dein Haupt und wasche dein Gesicht, damit du dich nicht vor den Leuten zeigst mit deinem Fasten, sondern vor deinem Vater, der im Verborgenen ist; und dein Vater, der in das Verborgene sieht, wird dir's vergelten« (Matthäus 6,16-18).

Jesus nimmt die Kritik der Propheten auf, denn auch für ihn ist das Fasten keine fromme Leistung. Er konnte vielmehr das Nichtfasten seiner Jünger verteidigen, indem er deutlich machte, dass das Reich Gottes, die neue Heilszeit, begonnen hatte. Das ließ manche religiöse Praxis, die bis dahin im Judentum sehr sinnvoll war, gegenstandslos werden. Das Fasten am Versöhnungstag, das vom ganzen Volk einzuhalten war, wurde damit überflüssig. Erst recht das Fasten, das speziell die Pharisäer und ähnlich wohl auch die Johannesjünger wöchentlich zweimal aus Trauer über den Abfall des Volkes vom Bund Gottes mit Israel hielten. Damit sollten Buße und Sühne geleistet werden. An diesen Bräuchen festzuhalten, bedeutete Nichtverstehen und Nichtglauben, d. h. die Ablehnung Jesu, seiner Botschaft und seines Anspruchs. Die neue Zeit sprengte die alten Formen.

Jesus hat das Fasten nicht grundsätzlich in Frage gestellt, sondern entscheidend auf die Gesinnung hingewiesen, in der das Fasten geschieht. Der Tod Jesu und das Warten auf seine neue und baldige Ankunft setzte die junge Gemeinde in den Zustand des »Unterwegssein«. Als wartende Gemeinde hatte man allen Grund zum Fasten, denn man wollte für die Entrückung bereit sein.

Die frühe Kirche übernahm die Übung, zweimal in der Woche zu fasten, aber schon bald setzte sich eine breitere Praxis des Fastens durch. Diese Fastenzeit dauerte – unterschiedlich in den einzelnen Kirchen – ein bis sechs Tage und fand erst mit der Mahlfeier am Ende des nächtlichen Gottesdienstes seinen Abschluss. Dieses Fasten stand ganz im Zeichen der Trauer über das Leiden und den Tod Jesu. Gleichzeitig trug es den Charakter eines Sühnefastens.

Aus dem 2. Jahrhundert ist ein zweitägiges Trauerfasten (Passafasten) vor dem Osterfest bezeugt. Es wurde zum bedeutsamen Bestandteil der frühchristlichen Passafeier. Es begann am Karfreitag und endete mit der Eucharistiefeier in der Osternacht. Besonders das Fasten am Mittwoch und Freitag in Erinnerung an Jesu Passion und als Vorbereitung auf Ostern entwickelte sich im 3. Jahrhundert und wurde dann an manchen Orten auf die gesamte Karwoche ausgedehnt. An ein so genanntes Halbfasten von Montag bis Donnerstag schloss sich am Karfreitag und Karsamstag ein Vollfasten an. Die Praxis allerdings wurde in den verschiedenen Gegenden zunächst noch recht uneinheitlich geübt.

Das frühchristliche Osterfest wurde als Einheit zwischen Leiden, Tod und Auferweckung begriffen und gefeiert. Damit war der Stein für die spätere vorösterliche Buß- und Fastenzeit gelegt.

Im 4. Jahrhundert gab es in Rom eine dreiwöchige Fastenzeit vor dem Osterfest. Dies kann allerdings nur ein Übergangsstadium gewesen sein, denn im gleichen Zeitraum mehrten sich die Zeugnisse für die Existenz einer vierzigtägigen Vorbereitungszeit. Ursprünglich waren die vierzig Tage im eigentlichen Sinne nicht Fastentage, sondern die Vorbereitung der Büßer für die Wiederaufnahme in die Gemeinde am Gründonnerstag. Die vierzig Tage waren also dem Ursinn nach Bußzeit, und erst in zweiter Linie auch Fastenzeit. Später entstanden noch weitere Fastenzeiten (Pfingstfasten, Apostelfasten, Adventsfasten, Quartemberfasten).

Die Bedeutung der Fastenpraxis kann nur im Verstehen der damaligen Bußpraxis geschehen, denn das Fasten war ein fester Bestandteil der Bußpraxis. Es galt als Waffe im Kampf gegen Versuchungen, als ein Mittel, das Gebet und das Hören auf Gott zu intensivieren, als Vorbereitung zum Empfang des heiligen Geistes.

Darüber hinaus hatte das Fasten einen sozialen Sinn: Man fastete, um andere unterstützen und ernähren zu können. Fasten war also zugleich Zeichen und Vollzug von gelebter Nächstenliebe.

Große Bedeutung erlangte das Fasten dann später bei den Mönchen. Diese enthielten sich vom Fleisch, Fisch und

Wein und aßen erst nach der neunten Stunde, viele sogar nur jeden zweiten Tag. Das Fasten war eine der wichtigsten asketischen Übungen. Das Fasten galt als Zeichen eigener Freiheit. Als Zeichen, dass die Liebe zu Gott wichtiger war als der eigene Körper. Für die Mönche war das Fasten ein Mittel, die drei Grundtriebe (Völlerei, Unzucht, Habgier) zu zügeln. Sie wollten im Fasten nicht gegen sich selbst wüten, sondern den eigentlichen Kern entfalten.

Das Fasten in anderen Religionen

»Die Fastenzeiten sind ein Teil meines Wesens. Ich kann auf sie ebenso wenig verzichten wie auf meine Augen. Was die Augen für die äußere Welt sind, das ist das Fasten für die innere.«

Mahatma Gandhi

Der Fastenbrauch als ein zeitlicher Speiseverzicht ist in vielen Kulturen und Religionen ein fester Bestandteil geworden. Das Fasten ist so alt wie die Völker dieser Erde und die reinigende Wirkung des Fastens trägt bereits in ihren Wurzeln den Anspruch, sowohl dem Körper als auch dem Geist nutzbar zu sein.

Das Fasten im religionsgeschichtlichen Vergleich macht deutlich, dass vor allem besondere Zeiten und Anlässe dazu aufriefen, durch Fasten sich dem Schmerz und den Göttern entsprechend zu begegnen. Auch der Zusammenhang zwischen göttlicher Erleuchtung und menschlicher Erkenntnis spielt in verschiedenen Religionen eine wesentliche Rolle. Immer wieder begegnet uns der Gedanke, dass die Frage nach Gott nicht von der Frage nach der menschlichen Existenz zu trennen ist. Will ich von Gott reden, so muss ich vom Menschen reden. Will ich Gott finden, so muss ich den Menschen suchen – ein Ja zu mir selbst finden.

Lange Zeit waren sowohl in der Religionsgeschichte als auch in der Geschichte der Medizin die Funktionen von Arzt und Priester in derselben Person verankert. Der Arzt war nicht nur für den Körper des Menschen, sondern auch für seinen Geist verantwortlich. Ebenso war der Priester nicht nur für das Seelenheil der ihm anvertrauten Menschen verantwortlich, sondern er hatte oft ein hohes Wissen über die medizinische Heilkunst. Der Ursprung der Fastenpraxis ist daher sowohl auf der körperlichen als auch auf der spirituellen Ebene zu suchen. Körper und Geist sollten gereinigt werden.

Bereits die Antike wusste um die wohltuende Wirkung eines zeitlich begrenzten Fastens. Charakteristische Merkmale sind im Zusammenhang mit den verschiedenen Fastenbräuchen festzustellen.

Es gibt die feststehenden Fastenzeiten: Den jahreszeitlichen Erntefeiern muss ein Fasten vorausgehen. So ist es uns z. B. aus dem Primitivenkult der Creek- und Seminol-Indianer, von den Hyakinthien und Thesmophorien der Griechen, im »ieiunium Cereris« der Römer und von den Feiern des Frühlingsanfangs und des winterlichen Licht-Dunkel-Ausgleichs in China überliefert.

Eine weitere feststehende Fastenzeit gab es in verschiedenen Religionsbereichen bei einem Todesfall. Sowohl die nordamerikanischen Kansas-Indianer als auch die neuseeländischen Maori kannten das Fasten anlässlich eines Todesfalles im Stamm. Die Ägypter fasteten beim Tode des Pharaos und für die tibetischen Mönche war die Speiseaufnahme am Todestag des Buddhas untersagt.

Selbst das tägliche Fasten konnte eine kultische Verpflichtung sein. Auf Agnihotra, das altindische Morgen- und Abendopfer, muss man sich z. B. durch Beschränkung der Mahlzeiten vorbereiten.

Der Grund zum Fasten war oft ein ambivalentes Speisetabu, d. h. eine Speise konnte gefährlich oder heilig sein. So erklärt sich das in China und im Iran anzutreffende Verbot eines nächtlichen Essens als auch das so genannte Trauerfasten, da Speisende in allnächtlicher Dämonennähe ein

Raub hungernder Dämonen werden können. Die durch ein »Sättigungsopfers« (dem Speiseverzicht) respektierten Toten rächen sich dagegen nicht. Hier ist das Fasten gleichsam als eine vorbeugende Schutzmaßnahme zu verstehen.

Auch das Tabu gewisser heiliger Speisen, die heilige Erstfrucht und der Weihetrank der antiken Mysterienkulte sollten als heilige Speisen nicht mit dem Alltäglich-Unheiligen vermischt werden. Gerade in den Naturreligionen herrschte die Vorstellung, dass in allem Lebendigen, d. h. sowohl in den Pflanzen als auch den Tieren, magische Kräfte wirksam sind.

Das Fasten versetzte Menschen in einen ekstatischen Zustand. Dadurch gelangten bei den Religionen der Naturvölker z. B. die Jäger, Krieger, Medizinmänner und Priester zu überdurchschnittlichen Fähigkeiten und Leistungen. So wurden Menschen befähigt, angeblich das Zukünftige zu schauen, und sie hatten außergewöhnliches Jagd- und Siegerglück.

Im Hinduismus ist der reinigende Prozess des Fastens schon seit Jahrtausenden bekannt. Das Fasten ist fester Bestandteil der Religion und findet als eintägiges Fasten im fünften Monat als »Schiva-Fasten« statt. Wer sich den Geboten sowohl der Nahrungsenthaltung als auch der rechten und reinen Speiseaufnahme nicht fügt, läuft Gefahr, im ewigen Kreislauf wiedergeboren zu werden.

Im Buddhismus war es Siddharta Gautama »Buddha« – der Erleuchtete (ca. 550 – 480 v. Chr.) – der seine Heimat verließ, um durch das Fasten auf dem Weg der Erkenntnis und Erleuchtung voranzuschreiten. Ziel seiner Lehre war das Erkennen, dass alles vergänglich ist, fließt und sich wandelt. Diese Erkenntnis galt es auch durch das rechte Verhältnis zwischen Genuss und Askese zu erlangen.

In der japanischen Volksreligion des Shintoismus dient das Fasten als Prozess der innerlichen Läuterung. Besonders bei der Vorbereitung kultischer Handlungen wird das Fasten eingesetzt, um innere Reinheit zu erlangen, die dazu führt, dass die Götter die Opfer und Gebete der Frommen annehmen.

Im Islam gibt es fünf Grundpflichten, die als Säulen der Religion gelten. Die so genannten »Fünf Säulen des Glaubens« sind:

- das Glaubensbekenntnis – »Es ist kein anderer Gott als Allah, und Mohammed ist sein Prophet«;
- das tägliche Gebet;
- das Almosengeben, das zu einer Art Armensteuer geworden ist;
- das Fasten vom Morgengrauen bis zum Sonnenuntergang im neunten Mondmonat Ramadan, in dem auch die erste Offenbarung des Koran stattgefunden hat;
- die Wallfahrt nach Mekka, die jeder Muslim möglichst ein Mal im Leben unternehmen soll.

Dem Religionsstifter des Islam Mohammed (570 – 632 n. Chr.) soll der Koran offenbart worden sein, nachdem er längere Zeit im Fasten verbrachte. Die islamische Überlieferung weiß von einem Prophetenwort: »Durch dieses (das Paradiestor) tritt niemand ein als die Fastenden.«

Der neunte Monat des muslimischen Mondjahres gilt als Fastenmonat (Ramadan). Dieser heilige Monat Ramadan bedeutet so viel wie »sich in Ruhe befinden«. Während dieser Zeit darf der Fromme vom Sonnenaufgang bis zum Sonnenuntergang nichts essen, trinken und rauchen, sondern er ist dazu aufgerufen Mildtätigkeit, Gebet und Koranlesung zu üben. Außerdem gehört es zur Pflicht eines frommen Moslems während der zehntägigen Pilgerreise nach Mekka zu fasten.

Das religiöse Fasten gehört also neben dem Gebet und dem Geben von Almosen zu den Pflichten des gläubigen Moslems. Im Koran sind deutliche Hinweise zum rechten

Essen und Trinken und zum Verzicht zu finden. Von der heilsamen Erfahrung des Fastens im Sufismus (asketisch-mystische Richtung des Islam) las ich in dem faszinierenden Tagebuch einer Frau, die sich in Istanbul einer Derwisch-klausur unterzieht und in 40 Tagen Einsamkeit und Fasten einen außergewöhnlichen Zugang zu Allah und zu sich selbst findet. Wer sich mit dem Sufismus befasst, findet immer wieder Berichte über die *arba'in* oder *chilla*, d. h. die vierzigtägige Klausur, oder, wie man im Türkischen sagt, das *halvet*, die Einsamkeit, Abschließung, Klausur.

Auch im Sufismus wird das Fasten als spirituelle Schulung verstanden, die zur Genesung des in sich selbst getrennten Menschen führt: Aus der Sicht des Sufisten beruht alles Kranksein auf der Illusion des Getrenntseins, d. h. auf dem »Vergessen« der tatsächlichen existenziellen Einheit der Schöpfung. Die »Heilung« – und damit die eigentliche Menschwerdung – vollzieht sich durch »religio«, also der Rückbesinnung durch das »Wiedererinnern« der »Verbundenheit allen Seins.« Das Wort Religion ist im Frühneuhochdeutschen entlehnt aus *religio* (gewissenhafte Berücksichtigung). Gemeint ist ursprünglich die gewissenhafte Sorgfalt in der Beachtung von Vorschriften.

Warum fasten?

Was hülfe es dem Menschen,
wenn er die ganze Welt gewönne
und nähme doch Schaden an seiner Seele?

Matthäus, 16,26

Neben den verschiedenen Erscheinungsformen, die das Fasten im Laufe der Geschichte und Religionen angenommen hat, gilt es nunmehr zu fragen: Was sind die Ziele und Motive des Fastens?

Auf die verschiedenen Motive, die beim körperlichen Fasten eine Rolle spielen, will ich hier nicht eingehen. Damit sollen diese nicht abgewertet werden, denn das Fasten aus gesundheitlichen Gründen birgt eine Vielzahl von Möglichkeiten und Quellen neuer Lebenskräfte in sich. Auch das Fasten, um einige Pfunde abzunehmen, ist ein durchaus berechtigter Grund, denn immer mehr Menschen entdecken den Zusammenhang zwischen einem guten Körpergefühl und den daraus resultierenden Lebensenergien.

Die Fastengeschichte in der Medizin hat ebenfalls eine lange Geschichte. Namen wie Asklepiades (ca. 124 – 60 v. Chr.), Galen (130 – 199), Athanasios (ca. 295 – 373), Johannes Chrysostomus (354 – 407), Benedict von Nursia (470 – 547), Johannes Klimakos (579 – 649), Hildegard von Bingen (1098 – 1179), Roger Bacon (1214 – 1294), Johannes Schroth (1798 – 1855), Sebastian Kneipp (1821 – 1897) kommen einem in den Sinn. Sie alle haben über die positive Wirkung des Fastens für den Körper erzählt.

Bereits der griechische Arzt Hippokrates (ca. 460 – 377 v. Chr.) empfahl neben diätetischen Richtlinien das Fasten. Er schreibt: »Eure Nahrung sei euer Pharmakon, und euer Heilmittel sei eure Nahrung. Die vornehmste und wirkungsvollste Art aber, euren inneren Arzt wirken zu lassen, besteht im Weglassen aller Nahrung, also in der Entsorgung des Körpers und dem damit verbundenen Wachwerden wunderbarer Heilkräfte.« Immer wieder wird deutlich, dass die Grenze zwischen dem religiösen und dem Heilfasten fließend ist. Das Fasten ist sowohl Speise für die Seele als auch für den Körper.

Und dennoch drängt sich die Frage auf: Warum verzichten Menschen bewusst und freiwillig auf lebenswichtige Nahrung? Der Vorstellung, durch Fasten eine religiöse Leistung zu erbringen, durch die ich Gott beeindrucken oder mich ihm wohlgefällig machen könnte, will ich nicht weiter nachgehen, denn diese Vorstellung ist meines Erachtens schlicht falsch und sie entspringt einem falschen Gottesbild. Was für ein Gott wäre das, dessen Erhabenheit u. a. auf dem menschlichen Fasten als einem Leid beruhen würde?

Warum sollen Menschen fasten? Wieso überhaupt »sollen«? Wäre das Wort »dürfen« nicht viel besser geeignet? Das Fasten ist ein freiwilliges Werk religiöser Lebensgestaltung. Ich »darf« also fasten, aber auch dann muss eine Erklärung gegeben werden, inwiefern das Fasten ein Leben steigerndes Befinden schenkt. Ich muss selbst erfahren, dass das Fasten keinen Verzicht, sondern den Gewinn einer größeren Freiheit bedeutet. Und nur dann entdecke ich: Es gibt keinen zwingenden Grund für das Fasten, außer ich selbst nehme wahr, dass mir im Leben etwas fehlt. Das Fasten möchte uns liebevoll mit uns selbst in Kontakt bringen, damit wir »ganz« werden. Vielleicht müssen wir Menschen erst in die Phase der Orientierungslosigkeit kommen, um uns der Frage zu öffnen: Wie bin ich Mensch? Diese Frage wird sich unausgesprochen durch viele Gedanken, Besinnungen und Übungen hindurchziehen, wenn wir uns beim Fasten der inneren Sehnsucht nach einem gelingenden Leben öffnen.

Immer mehr Menschen entdecken religionsübergreifend den Sinn des Fastens. Trotzdem kommt das Fasten manchen Menschen – und besonders jungen Menschen – unbegreiflich vor. Aber gerade in der Akzeptanz des Unbegreiflichen liegt das Geheimnis, einen tieferen Sinn in ihm zu erspüren. Ist es nicht oft so, dass unsere vordergründige Ordnung der Wirklichkeit von einer tieferen, vom Verstand nicht erklärbaren Wirklichkeit durchdrungen wird? Es gibt erleuchtende Augenblicke im Leben, in denen wir uns in der Tiefe berührt fühlen und von Grund auf erschüttert. Magische Augenblicke, die uns den Grat zwischen Leben und Glaube erschließen lassen.

Das Leben besteht aus dem Hoch und dem Tief, Sonnen- und Schattenseiten, Gesundheit und Krankheit, dem Wandern auf der grünen Bergalm und dem Gang durch die Wüste. Das Fasten nimmt uns in die Wüstenerfahrung hinein, indem wir uns selbst aushalten, anstatt die Leere sofort zu füllen. Das Schmerzlichste, was ein Mensch tun kann, das, wovor er sich am meisten fürchtet, ist die eigene Leere auszuhalten. Den Blick auf sich selbst zu werfen, um sich sehen, hören und fühlen zu können. Im Schauen in das eigene Selbst wird die Liebe geboren oder genauer gesagt: Selbsterkenntnis ist Liebe.

Das Fasten will mich zum eigenen Leben führen, die Möglichkeit eröffnen, mir selbst einen Augenblick des Sehens zu schenken. Es will mich an die Quelle des eigenen Seins führen. Im Fasten wird mir der Schutzmantel genommen, der sich wie eine unsichtbare, aber oft störende Hülle über mein Leben gelegt hat. Im Fasten setze ich mich tieferen Schichten meines Lebens aus, und ich werde mit den tieferen Wahrheiten meines Lebens konfrontiert, die ich doch so oft bedecken oder verdrängen möchte.

Es gibt sicherlich viele Wege, um sich und sein Leben zu verändern. Manche Menschen streben nach Macht und Anerkennung, setzen alles daran, um im Beruf erfolgreich zu sein, andere suchen Beifall, Respekt, Freiheit oder die Möglichkeit zur Flucht. Dies alles sind äußere und oft oberflächliche Veränderungen, die aber nicht die Tiefenschichten unserer Seele und damit unseres Lebens berühren. Das Fasten geht den Weg nach innen. Beim Fasten schaue ich nicht auf die äußeren Umstände, sondern wage es, den Blick auf mich selbst zu werfen. Ich konfrontiere mich mit dem, was in mir ist und was mich selbst ausmacht.

Das Fasten will zum Leben führen, denn das Tiefste und Wertvollste, das wir haben, sind wir selbst. Der Mensch ist berufen, sich selbst zu finden. Der Mensch ist oft mit sich selbst nicht einig, er befindet sich mit sich selbst nicht in Deckung, ist nicht zufrieden mit sich selbst, weil er mit sich selbst nie zur Deckung kommt. »Die meisten Menschen sind mit sich selbst allein ...«, so hat es Ernst Bloch einmal formuliert. Das Fasten möchte mich behutsam zu meinem innersten Kern führen. Es sind die uralten Fragen: Wer bin ich? Woher komme ich? Wohin gehe ich? Was hilft mir? Was will ich und was ist der Sinn meines Daseins? Was darf ich hoffen?

Warum fasten Menschen? Ich erkenne: Das Fasten hat mit mir selbst zu tun. Es will mich in meinem Leben bereichern. Damit ist keine materielle Bereicherung gemeint, sondern es geht darum, mein Leben mit weniger Angst und mehr Freiheit, Hoffnung, Glück und Liebe zu gestalten.

Fasten als Bereicherung

> Glaube nicht, das Fasten genügt. Das Fasten strengt dich an, aber es stärkt nicht deine Brüder. Deine Entbehrungen würden fruchtbar werden, wenn du einem anderen ein Geschenk davon machtest. Gewiss hast du auf etwas verzichtet. Aber wem wirst du geben, auf das du verzichtet hast?
>
> *Augustinus*

Ich habe für mich einmal überlegt, welche Begriffe mir zum Thema des spirituellen Fastens einfallen. Als ersten Begriff habe ich Bereicherung aufgeschrieben. Es folgten: Freiheit, Nachdenken, Sehnsucht, Entspannung, Tatkraft, Neubeginn, Ausruhen, Freude, Anmut, früh aufstehen, Tiefe und Energie. Eine Systematik konnte ich in diesen Begriffen nicht entdecken, aber beim zweiten Hinsehen merkte ich, dass ich jene Begriffe auch zum Thema »Urlaub« hätte wählen können. Im Englischen heißt Urlaub »Holiday« – *holy days*, d. h. heilige Tage. Tage, die den Alltag transzendieren. Können nicht auch Fastentage solche den Alltag überschreitenden Tage werden?

Ganz anders war das Ergebnis, als ich andere Menschen danach fragte, welche Begriffe ihnen zum Thema »Fasten« einfallen: Mit Fasten verband man zunächst immer Verzicht. Verzichten fällt uns Menschen schwer und erscheint uns auf den ersten Blick nicht so angenehm. Wir haben zu wenig davon erfahren, dass nur der genießen kann, der auch zum Verzicht bereit ist.

Im etymologischen Wörterbuch lese ich nach, dass Verzicht von verzeihen kommt. Es bedeutet gerade nicht für sich zu kämpfen, sondern einen Anspruch aufzugeben. Ich habe einen Anspruch, aber ich verzichte darauf. Warum soll ich auf etwas verzichten, was mir zusteht, so fragen vor allem junge Menschen? Ihnen eine Antwort auf diese Frage zu geben, die darauf abzielt von der gewonnenen Freiheit zu erzählen, die in dem bewussten Verzicht liegt, fällt oft schwer. Zu sehr sind wir es gewohnt, unsere Rechte (und manchmal nehmen wir uns auch mehr als uns zusteht) durchzusetzen, also für uns in Anspruch zu nehmen. Dabei wird leicht übersehen, wie sehr wir dabei in unserer Seele verkümmern. Wir wollen frei sein, aber wir tun vieles, was unsere Unfreiheit eher steigert. Die Kunst zu verzichten bedarf der Kraft der inneren Freiheit. Jedes Suchtverhalten lähmt einen Menschen. Es ist z. B. nichts gegen ein Glas Wein am Abend zu sagen; wenn ich aber spüre, dass es mir zur Gewohnheit wird, dann will ich meine Freiheit wieder zurückgewinnen, indem ich bewusst für einige Zeit darauf verzichte.

Es kommt in vielen Dingen des Lebens darauf an, von welcher Seite wir etwas betrachten. Ist das Glas halb leer oder halb voll? Richte ich meinen Blick auf den Verzicht oder gelingt es mir, mich auf meine gewonnene Freiheit zu konzentrieren? Deshalb nützt es auch nichts, dass andere Menschen (oder auch die Religion) mir ein schlechtes Gewissen einzureden versuchen. Ich möchte nicht verzichten, weil ich ein schlechtes Gewissen habe, denn das wäre kein Verzicht, sondern könnte mich vielmehr zu einem zwanghaften Verhalten führen. Nur der freiwillig und aus eigener Verantwortung heraus geborene Verzicht erschließt mir die bereichernde Möglichkeit.

Fasten – gelingendem Leben auf der Spur

Fasten heißt lernen, mit einfachen Dingen glücklich zu sein.
Fasten heißt, sich frei machen von den tausend Fesseln der tausend toten Dinge, die man dir angepriesen und aufgedrängt hat, als seien sie unerlässlich für das Leben.
Fasten heißt, die einfachen, kleinen Freuden in Dankbarkeit genießen.

Phil Bosman

Der Wunsch nach qualifiziert gestaltetetem Leben nimmt zu. Der Mensch möchte wissen, wofür er leben kann. Oft sind es Krisenzeiten, in denen sich die Frage nach dem Sinn stellt. Und wir Menschen sind zur Freiheit berufen oder verdammt, den Sinn des eigenen Lebens selbst herauszufinden. Die Sehnsucht wächst, sich im Leben nicht nur treiben zu lassen, sondern sich auszuruhen, innezuhalten, um neuen Energien und Lebensentwürfen Raum zu geben. Aller Anfang ist die Sehnsucht danach, aber mehr auch nicht. Veränderungen im Leben können weder Bücher, Seminare noch andere Menschen bringen, sie können Anstöße geben, aber zu ändern, mich zu verändern vermag allein ich selbst.

Ich kenne unzählige Menschen, die ständig jammern, dass alle anderen und 1001 Umstände daran schuld sind, dass ihr Leben nicht gelingt. Viele Paare geben dem jeweils anderen die Schuld daran, dass das eigene Leben missglückt und oft steckt dahinter eine unbewusste Methode, um so den anderen an sich zu binden. Die Mauern unseres

Gefängnisses aber bauen wir selbst. Es sind unsere eigenen Überzeugungen, Abhängigkeiten, Vorstellungen und Ängste, die uns gefangen halten und uns so vom Leben in Liebe und Freiheit abschneiden.

Beim spirituellen Fasten geht es darum zu sehen. Das erkennende Sehen ist am Anfang ein schmerzhafter Prozess, weil es dazu führen kann, Leben zerstörende Gewohnheiten, Bindungen und Abhängigkeiten zu erkennen und von ihnen loszulassen. Wir können uns in Betriebsamkeit flüchten, nur um das eigene Gefängnis nicht wahrnehmen zu müssen. Deshalb gilt zuerst, sich darüber klar zu werden, dass wir von Mauern umgeben sind, nicht wegzulaufen, nicht zu leugnen, sondern den Ist-Zustand zu erkennen. Es geht nicht darum, sich einige Schlupflöcher in den Mauern unseres Gefängnisses einzurichten, sondern dafür zu kämpfen, die Mauern niederzureißen. Das kann nur gelingen, wenn wir das tun, wovor wir uns am meisten fürchten, nämlich Zeit darauf zu verwenden, die Mauern unseres Gefängnisses genauer anzuschauen. Es kann helfen, sich auf einem Zettel die Mauern aufzuzeichnen, um ihnen dann Namen zu geben: Überzeugungen, Abhängigkeiten, Vorstellungen, Gewohnheiten, Ängste, Lügen etc.

Wichtig ist, nichts zu verurteilen, sondern einfach nur anzuschauen. Mauern engen ein, aber wir Menschen wollen in Freiheit leben. Deshalb müssen wir *aus-wählen.*

Ich stehe morgens vor dem Spiegel und frage mich: Was macht dich unfrei? Es sind oft die Kleinigkeiten des Alltags, die aber zusammen einen großen Schneeball ergeben, der mich dann manchmal zu überrollen droht. Ich will frei sein und muss mich gleichzeitig für viele Dinge entscheiden und mich dabei festlegen: Will ich alleine leben oder in Partnerschaft? Welcher Religion oder Konfession will ich zugehörig sein? Welchen Beruf will ich ausüben? Welches Auto möchte ich gern fahren? Will ich in der Stadt oder lieber auf dem

Land wohnen? Wo will ich meinen Urlaub verbringen? Wie will ich mich einmal bestatten lassen? Fragen über Fragen, denen ich mich stellen muss. Und jede Entscheidung hat Folgen. Ständig stehe ich vor Entscheidungssituationen und bin manchmal geradezu zur Freiheit verurteilt und muss Verunsicherungen aushalten. Wer die Wahl hat, hat die Qual, und bei einem Überangebot an scheinbar Sinn stiftenden Optionen, muss ich es aushalten, mich oftmals nur für eine Möglichkeit entscheiden zu können und dabei viele andere Möglichkeiten ungelebt sein zu lassen.

Heute bin ich so weit, dass ich mein Denken und Fühlen, meinen Glauben und meine Überzeugungen daraufhin anschauen kann, ob sie gegenwärtig überhaupt noch zu meinem Leben passen oder ob sie nur Relikte aus der Vergangenheit sind, die ich unüberprüft mit mir herumschleppe. Je älter ich werde, desto mehr erkenne ich, dass kein anderer Mensch mich einzusperren vermag, als ich selbst. Es ist mein eigenes Dilemma, dass ich mich ständig Veränderungen aussetzen und von Menschen und Situationen Abschied nehmen muss und dadurch in innere Spannung gerate, weil ein anderer Teil in mir festhalten, Wurzeln schlagen und das Bleibende suchen möchte. Ich möchte frei sein und gleichzeitig baue ich mein Nest der Sicherheit, obwohl ich doch erkenne, alles im Leben einmal loslassen zu müssen. Nichts macht mich oft unfreier, als die Verhältnisse, die ich mir doch selbst geschaffen habe.

Gelingendes Leben fängt jeden Tag neu an. Wir haben nie die Möglichkeit, noch einmal ganz neu von vorne zu beginnen, aber wir haben jeden Tag die Möglichkeit, Veränderungen vorzunehmen. Den Rucksack unserer Vergangenheit, den nehmen wir mit. Wie schmerzlich ist jene Erfahrung, am Ende seines Lebens bekennen zu müssen, gelebt worden zu sein, anstatt selbst gelebt zu haben. Wir können aber jeden Tag neu sehen, indem wir es wagen, unsere Mitmenschen, unsere Umgebung, die Natur und uns selbst, so zu sehen, als sähen wir alles zum ersten Mal. Gelingendes Leben weiß um den Sinn des Lebens. Zum spirituellen Fasten gehört es dazu, sich darüber klar zu werden, was für mein eigenes Leben zählt. Das spirituelle Fasten ist ein innerer Reinigungsprozess, bei dem ich mein Leben anschauen, überdenken und erneute Kurskorrekturen vornehmen kann.

Welche Werte haben für mein Leben Bedeutung? Es gibt Menschen, die ihren Hauptsinn in der Erlebniswelt sehen: Musik, Kunst, Natur, Sport, um nur einige Bereiche zu nennen. Andere betonen die schöpferischen Kräfte, d. h. sie erleben ihr Leben als sinnvoll, indem sie kreativ in diese Welt hineinwirken. Auch innere Haltungen und Einstellungen können Menschen mit Sinn beflügeln. Hier spielt der Glaube eine große Rolle und bietet eine Fülle von Möglichkeiten: Wie denke ich über Liebe, Hass, Tod, Vergebung, Leiden, Freude? Innere Einstellungen fordern mich heraus und der Verschiedenheit der Antworten liegen zugleich unterschiedliche Lebensentwürfe zugrunde. Gelingendes Leben könnte heißen:

- sich neu auf sich selbst einlassen;
- im Vertrauen und im Gehen eines neuen Weges das eigene Ich wachsen lassen;
- neue Fähigkeiten entdecken;
- eigene Grenzen akzeptieren;
- innere Einstellungen überprüfen;
- neue Begegnungen zulassen.

Fasten und Beten

Ein Mann wurde einmal gefragt, warum er trotz seiner vielen Beschäftigungen immer so gesammelt sein könne. Dieser sagte: »Wenn ich stehe, dann stehe ich, wenn ich gehe, dann gehe ich, wenn ich sitze, dann sitze ich, wenn ich esse, dann esse ich, wenn ich spreche, dann spreche ich ...« Da fielen ihm die Fragesteller ins Wort und sagten: »Das tun wir auch, aber was machst du noch darüber hinaus?« Er sagte wiederum: »Wenn ich stehe, dann stehe ich, wenn ich gehe, dann gehe ich, wenn ich sitze, dann sitze ich, wenn ich esse, dann esse ich, wenn ich spreche, dann spreche ich ...« Wieder sagten die Leute: »Das tun wir auch.« Er aber sagte zu ihnen: »Nein, wenn ihr sitzt, dann steht ihr schon, wenn ihr lauft, dann seid ihr schon am Ziel ...«

Gelegentlich begegnen wir einem Menschen, der auf uns einen nachhaltigen Eindruck macht. Es ist schwer zu sagen, was es ist, aber irgendetwas geht von diesem Menschen aus, das uns gefangen nimmt. Manchmal habe ich den Eindruck, dass von diesen Menschen eine Wärme und Ruhe ausgestrahlt wird, die mich zum Glauben einlädt. Wenn man solche Menschen nach ihrem innersten Geheimnis fragt, so erfährt man nicht selten: Es ist ein betender Mensch. Mir fällt der russische Dichter Dostojewksi ein, der in seinen Romanen immer wieder auf das Gebet zu sprechen kommt. Warum? Weil er selbst ein betender Mensch und der tiefsten Überzeugung war, dass Gott dem betenden Menschen alles gewährt.

Beten, Fasten und Almosengeben gehören für Juden und Christen zusammen. Das Gebet ist dabei nicht als ein frommer Akt oder eine Leistung zu verstehen, sondern Gebet heißt, sich mit Körper und Geist auf Gott hin auszurichten. Das fastende Gebet umfasst meine gesamte Existenz. Mein Gebet ist dann nicht nur ein Akt des Geistes, sondern wird durch das Fasten als einen körperlichen Akt unterstrichen. Immer mehr Menschen sind auf der Suche nach einer Vertiefung gelebter Spiritualität, die im Alltag trägt. Jedes Jahr findet z. B. in der evangelischen Kirche die Fastenaktion »Sieben Wochen ohne« statt. In dieser Zeit versuchen Menschen ganz bewusst, sieben Wochen auf etwas zu verzichten. Der eine auf Alkohol, die andere auf Fernsehen, der nächste auf Süßigkeiten oder andere feste Gewohnheiten.

In einer Predigt fragte ich die anwesenden Gottesdienstbesucher einmal ganz direkt: »Was meinen Sie, warum fasten Christen?« Ich sollte vorweg erwähnen, dass meine Gemeinde es gewohnt ist, Predigt auch als dialogische Form wahrzunehmen. Eine Frau sagte: »Ich faste, um Gott Raum zu geben.« Ich versuchte, näher auf diese Antwort einzugehen und fragte nach, was das denn für sie bedeuten würde, Gott mehr Raum zu geben? Nun fing sie in kurzen Sätzen zu erzählen an: »Gott spricht oft nur leise zu uns Menschen, und ich faste, um ihn besser im Herzen hören zu können. Ich möchte ihm mehr Möglichkeiten geben, dass ich mein Leben sinnvoll gebrauche. Ich weiß, dass es so vieles in dieser Welt gibt, was nicht gut ist, und ich möchte mehr Zeit für das Gebet haben, um mich von Gott mehr beeinflussen zu lassen.«

Immer wieder wird deutlich, dass Fasten in erster Linie keinen Verzicht meint, sondern die Bereitschaft, sich selbst neu erfüllen zu lassen, umzuordnen. Der Bereich oder die

Gewohnheit, die ich durch bewusstes Fasten (eine Zeit lang) aufgebe, wird nicht als Leerraum, sondern als neuer Klang in meinem Leben erschlossen. Die Zeit, die ich z. B. durch den Verzicht des Essens gewinne, darf nicht dazu genutzt werden, mehr zu arbeiten, oder Dinge zu erledigen, die ich schon lange vor mir herschiebe. Damit würde ich keinen neuen Raum für mich erobern. Durch das Gebet stoße ich in den neuen Bereich Gottes vor. Beten und Fasten helfen mir, mich selbst neu ernst zu nehmen. Ich nutze diesen Freiraum, um ein neues Denken in mir zuzulassen. Das Fasten unterstützt das Beten und steigert seine Wirkung, denn es ist gleichsam ein Beten mit Körper und Seele und fordert den ganzen Menschen.

Wir Menschen sind es gewohnt, unser Denken nach dem Prinzip der Nützlichkeit auszurichten. Beten und Fasten helfen mir, einen anderen Weg einzuschlagen. Ich verzichte auf laute Geräusche, auf schnellen Genuss, auf unnütze Unterhaltungen und verführerische Ablenkungen. Ich halte es ganz allein mit mir aus und durchbreche den Rahmen der Gewohnheit. Ich entdecke, wie hilfreich es ist, nicht alles tun, alles in sich hineinessen oder alles haben zu müssen. Wir sprechen deshalb auch vom Infarkt (vom lateinischen *in-farcire*, was hineinstopfen bedeutet). Das Neue und Ungewohnte fordert mich heraus, lässt mich offen werden, auch Unbequemes erkennen zu können. Beten und Fasten als Frühjahrsputz für die Seele.

Beten meint nun nicht plappern oder Gott als Erfüller meiner Wünsche zu missbrauchen (was er sowieso nicht zuließe), sondern das Gebet kann die Form von Sprechen zum Hören annehmen, und damit kommt ein Dialog zustande.

Das Fasten will uns zur tiefsten Quelle führen. Diese Quelle ist Gott selbst. Das Fasten nimmt mir meine falschen Sicherheiten, indem ich zum Grund meines Lebens geführt werde. Beim Fasten und Beten können wir den Zustand erreichen, in dem wir ganz einsam und alleine sind und uns von Gott her anrühren lassen. Er hält uns in seiner Liebe fest.

Fasten, um sich der Stille zu öffnen

Zu einem einsamen Mönch kamen eines Tages Menschen. Sie fragten ihn: »Was für einen Sinn siehst du in deinem Leben der Stille?« Der Mönch war eben beschäftigt mit dem Schöpfen von Wasser aus einer tiefen Zisterne. Er sprach zu seinen Besuchern: »Schaut in die Zisterne! Was seht ihr?« Die Leute blickten in die tiefe Zisterne. »Wir sehen nichts.« Nach einer kurzen Weile forderte der Einsiedler die Leute wieder auf: »Schaut in die Zisterne! Was seht ihr?« Die Leute blickten wieder hinunter. »Ja, jetzt sehen wir uns selber!« Der Mönch sprach: »Schaut, als ich vorhin Wasser schöpfte, war das Wasser unruhig. Jetzt ist das Wasser ruhig. Das ist die Erfahrung der Stille: Man sieht sich selber!«

Beim spirituellen Fasten geht es um den ganzen Menschen. Der Geist wird freier. Eine Erfahrung von Fastenden ist es, dass der Wunsch nach Stille und Alleinsein auftritt. Eine Oase für sinnvolles Leben liegt in dem Erleben der Stille und der Einsamkeit. Der Arzt Paracelsus nannte die Einsamkeit ein tückisches Gift. Warum? Vielleicht, weil wir vor uns selbst nicht ausweichen können. Die Stille will uns in den Zustand versetzen, in dem wir wählen und uns über uns selbst klar werden. Denn durch die Stille finde ich jenen Teil zurück, der mir durch Lärm, Hast und Hektik oft verloren geht: mein eigenes Ich. Dieses Suchen nach sich selbst ist uralt. »Erkenne dich selbst« heißt es bei dem delphischen Orakel. In der Stille können wir ein gesundes Maß an innerer Distanz wahren, um dem Geheimnis des Lebens auf die Spur zu kommen. Das Schweigen öffnet mein Herz. Wenn ich schweigend meditiere, so begebe ich mich auf die Spur meiner Seele. Ich horche in mich hinein und versuche, mit mir selbst in Kontakt zu kommen. Die Stille als äußere Rahmenbedingung lädt ein, meine innere Welt zu erkunden. Stille meint Sammlung, seinen Mittelpunkt zu finden, um sich der entscheidenden Frage zu öffnen: Auf welche letztlich gültige Wirklichkeit beziehe ich meine Existenz? Was gibt mir Halt, Richtung und Ziel im Leben?

Es ist keine leichte Aufgabe, sich der Stille zu öffnen. Die Stille oder das Schweigen meint nicht nur, dass ich den Mund halte und nicht rede, sondern sie nimmt mir die Möglichkeit, vor mir selbst wegzulaufen. Durch Stille bin ich gezwungen, mich einmal selbst auszuhalten, mich anzuschauen, so wie ich bin. In der Stille erahne ich, dass ich mit allem, mit dem Letzten, mit dem Urgrund allen Seins verbunden bin. Ich spüre, was mich als Mensch ausmacht. Vielleicht sagt ja zu Recht Dostojewski: »Zeitweilige Einsamkeit ist für den normalen Menschen notwendiger als Essen und Trinken.«

Immer mehr Menschen erkennen und entdecken heute den Sinn einer Fastenzeit, also einer eigenen Selbstbeschränkung. Der Mensch besteht aus gegensätzlichen Polen: Feiern und Fasten, Verzichten und Genießen, Gesundheit und Krankheit, sich freuen und trauern, Überfluss und Mangel, Arbeit und Ruhe, Nähe und Distanz, Weite und Enge, Reden und Stille – all das gehört zum Menschen. Ich bleibe gesund, wenn ich diese gegensätzlichen Pole in mir zulasse, denn diese Gegensätze bewirken eine lebendige Spannung in mir.

Die Fastenzeit will keinen Verzicht, nur um des Verzichtens willen, sondern sie lädt zum bewussten Verzicht ein, um das tiefere Geschenk des umfangreicheren Lebens zu erhalten. In einer Zeit, die von Hektik und Lärm, von Terminkalendern und der Uhr bestimmt wird, wächst die Sehnsucht nach Stille. In unserer hoch getakteten Zeit wird sehr viel Wert auf körperliche Fitness gelegt. Und in der Tat ist körperliche Betätigung gut und sollte auch regelmäßig betrieben werden. Leider gibt es in unserer westlichen Welt aber keine Pflichtschule, die uns umgekehrt auch das Geheimnis der Ruhe und des Fastens lehrt. Warum, so kann man kritisch nachfragen? Ein Grund dürfte sicher in der Tatsache liegen, dass auch mit der Stille keine ökonomische Verwertbarkeit gegeben ist. Niemand hat ein Interesse an meiner stillen Zeit, denn ich falle als Gesprächspartner, Arbeitskraft oder Konsument aus. Interesse an der Stille kann immer nur das eigene Ich haben. Und so spüren heute immer mehr Menschen, dass die Hinwendung der Erlebnisgesellschaft zu den Extremen mehr und mehr zu Unbehagen führt, denn die Jagd nach dem vermeintlichen Glück führt leider oft genug genau ins Gegenteil. Uns Menschen gemeinsam ist jedoch der tiefe Wunsch, nach einem Leben, das in der Würde der eigenen Freiheit begründet ist. Wir wollen leben, staunen und glücklich sein.

Warum aber nicht Feiern und Fasten? Es gibt für viele Menschen eine so genannte fünfte Jahreszeit – die Karnevalszeit. Eine volkstümliche Deutung bezieht sich auf das lateinische *carne vale* (leb wohl, Fleisch). Das deutsche Wort Karneval ist wahrscheinlich aus dem italienischen *carnevale* entlehnt, dessen Herkunft nicht mit Sicherheit geklärt ist. Möglicherweise fand eine Lehnbildung mit *carne* für Fleisch und *levare* wegnehmen (*de carne levare ieiunium*, gekürzt zu *carnelevare, carnelevarium*, dann *carnevale*). Es ist die ursprüngliche Bezeichnung des Tages vor der vorösterlichen Fastenzeit, die dann später auf den bezeichneten Zeitraum erweitert worden ist.

Die Ursprünge des Karnevals sind wahrscheinlich auf alte heidnische Frühlings- und Fruchtbarkeitsbräuche zurückzuführen. Verbunden werden sie mit dem Wunsch, vor Beginn der Fastenzeit das Leben noch einmal in vollen Zügen zu genießen. Es folgt die Fastnacht, der Tag vor Aschermittwoch. Gemeint ist offenbar ein Reinigungsfest, ähnlich wie die römischen Lupercalien, das dann den christlichen Bräuchen angepasst wurde. Eine kultische Reinigung, bei der auch das Fasten eine Rolle spielt.

Feiern und Fasten: *carne vale* – Leb wohl, Fleisch und willkommen, du Stille.

Fasten – sich selbst begegnen

Blicke in dich.
In deinem Innern ist eine Quelle,
die nie versiegt,
wenn du nur zu graben verstehst.

Marc Aurel

Die Religion kann auch eine Verführung darstellen, sich selbst nicht zu finden. Schon Cyprian von Karthago lehrte: »Wie kannst du von Gott verlangen, dass er dich hört, wenn du dich selbst nicht hörst? Du willst, dass Gott an dich denkt, und du selber denkst nicht an dich.«

Dahinter steckt das Wissen, dass, um Gott begegnen zu können, ich den Wunsch und die Kraft haben muss, mir selbst begegnen zu können. Wie aber gelange ich zur Selbsterkenntnis? Zunächst muss ich mir immer wieder die Frage stellen: Wer bin ich? In einem Gedicht des evangelischen Theologen Dietrich Bonhoeffer heißt es treffend:

Wer bin ich? Der oder jener?
Bin ich denn heute dieser und morgen ein andrer?
Bin ich beides zugleich? Vor Menschen ein Heuchler
und vor mir selbst ein verächtlich wehleidiger Schwächling?
Oder gleicht, was in mir noch ist, dem geschlagenen Heer,
das in Unordnung weicht vor schon gewonnenem Sieg?

Aus: Dietrich Bonhoeffer, Widerstand und Ergebung

Ein Gedicht voller Fragen. Die Antwort lässt Bonhoeffer offen. Er fühlt das einsame Fragen als Spott, der sein Spiel mit ihm treibt und kommt zum Schluss des Gedichtes zu der Feststellung: »Wer ich auch bin, Du kennst mich, Dein bin ich, o Gott!« Dahinter verbirgt sich die Erfahrung, dass wir Menschen ambivalent sind und ambivalent bleiben. Unsere Antwort und unsere Bilder auf die Frage, wer wir sind, fallen verschieden aus. Wir sind es und zugleich sind wir es nicht, sondern es ist nur ein Teil von uns. Ich bin nicht nur der freundliche Nachbar, der verständnisvolle Freund, der hilfsbereite Sohn oder der aufopfernde Arbeitskollege. Ich bin es auch, aber vieles ist eine Rolle, die ich spiele. Wer aber bin ich wirklich? Die Gedanken, Bilder und Gefühle, die in mir hochkommen, gehören zu mir, aber das reine Ich wird es niemals geben, sondern bleibt ein zukünftiges Erkennen: »Wir sehen jetzt durch einen Spiegel ein dunkles Bild; dann aber von Angesicht zu Angesicht. Jetzt erkenne ich stückweise; dann aber werde ich erkennen, wie ich erkannt bin« (1. Korinther 13,13).

Ich will mich aber auf die Suche begeben und immer tiefer in mich hineinfragen. Viele Menschen wollen das eher nicht, denn sie haben Angst, ihren eigenen Schattenseiten ins Auge zu schauen. Und so stopfen sie sich lieber zu, anstatt innerlich leer zu werden. Nicht vor jenen Ängsten, die in uns streiten, müssen wir uns in Acht nehmen, sondern vor jenen, die wir unterdrücken.

Menschen, die sofort jedes Bedürfnis befriedigen müssen, werden abhängig. Sie werden von ihren Bedürfnissen bestimmt und von sich selbst abgelenkt. Fasten als Verzicht schenkt als Bereicherung die Freiheit. Nur wer verzichten kann, ist wirklich frei. Eine Bereicherung des Fastens liegt darin, dass ich jenen Teil meines Lebens zurückgewinne, der verborgen oder verschüttet worden ist.

Unser Leben ist ein Weg. Auf diesem (Lebens-)Weg sind wir aufgerufen, uns über das Geschenk und die Möglichkeit des Lebens klar zu werden und den Wert desselben zu erkennen. Der Mensch ist berufen, sich selbst zu finden, denn er ist mit sich selbst nicht einig. Er ist nicht zufrieden, weil er mit sich selbst nie zur Deckung kommt.

Beim spirituellen Fasten schaue ich nicht auf die anderen Menschen, sondern wage es, den Blick auf mich selbst zu werfen. Meine Gedanken, meine Gefühle, meine Sehnsüchte und Träume gilt es aus dem Unbewussten ins Bewusste zu führen. Das Fasten, so haben wir es immer wieder gehört, schenkt die Klarheit und Nüchternheit, um sich mit sich selbst zu beschäftigen. Ich konfrontiere mich mit dem, was in mir ist und was mich selbst ausmacht. Im Vergleich mit dem Tier erkennt der Mensch, was er ist: Den Tieren hat Gott den Instinkt gegeben, aber uns Menschen ist die Fähigkeit eigen, uns durch unser Denken und durch Fragen zu verändern. Wir können uns nicht einfach nur auf unseren Instinkt verlassen, sondern wir sind in eine Freiheit versetzt, die zugleich zur Quelle einer größeren Unfreiheit werden kann. Der Mensch ist nicht einfach der, der er ist, sondern er weiß um sich selbst. Und infolge dieses Wissens ist er schon nicht mehr derselbe, sodass er zugleich von der Frage umhergetrieben wird, wer er denn nun wirklich sei.

Sich selbst erkennen bedeutet, seine eigene Ambivalenz zu erkennen. Wir Menschen sind und bleiben ambivalent. Im Kern unserer Seele spüren wir, gut und böse zugleich zu sein, so wie der Apfel bei Schneewittchen aus einer vergifteten und einer unvergifteten Hälfte besteht. Zwei Hälften – ein Apfel. Er sieht ganz harmlos aus und ist doch vergiftet. Giftig und köstlich zugleich – und beides ist nicht voneinander zu unterscheiden. Auch im Menschen liegen die beiden Seiten eng beieinander. Giftiges und Köstliches sind im

Menschen kaum zu unterscheiden, Gut und Böse, Licht und Schatten, Gelungenes und Missratenes, Liebe und Hass.

Zwar meinen wir oft, es schnell erkennen und auseinander halten zu können, wie die rote und die gelbe Seite des Apfels. Doch beim zweiten Hinsehen ist gar nicht mehr so klar, ob ein Charakterzug, eine Verhaltensweise nun Licht ist oder eine Schattenseite darstellt. Beim spirituellen Fasten stelle ich mich der Frage: Wer bin ich? Dieser oder jener? Oder bin ich beides?

Nietzsche formulierte einmal: Du sollst der werden, der du bist. Ich würde gern ergänzen und sagen: Du sollst werden, wie du im Schöpfungsgedanken Gottes gemeint bist. Sich selbst und seinem Schatten begegnen meint zugleich der eigenen Angst begegnen, denn die Angst treibt Menschen oft zu verhängnisvollen Handlungen. Angst ist eine Grundbefindlichkeit im Leben. Es gibt kein Leben ohne Angst und keinen Eltern wird es gelingen, dem eigenen Kind die Angst zu ersparen. Wer die Angst als einen Bestandteil des menschlichen Lebens bejaht, der muss auch der Krisenhaftigkeit des menschlichen Lebens ins Auge sehen.

Auch die Angst trägt viele Namen: die Angst, verlassen zu werden, die Arbeit zu verlieren, bei Prüfungen zu versagen oder die Angst vor dem Tod. Am meisten ängstigt uns Menschen der Verlust von Liebe, und so leben viele Menschen in ständiger Furcht, anderen zu missfallen, weshalb sie sich antreiben, selbstloser, besser und gefälliger zu sein. Hinter dieser krampfhaften und irrationalen Suche nach Liebe verbirgt sich meist ein erstarrtes Verhaltensmuster aus der Kindheit, das sich bis in die Gegenwart hinein erhalten hat. Diese Muster gilt es wahrzunehmen, zu erkennen, beim Namen zu nennen und dann schließlich zu ändern. Das Glück unseres Lebens hängt von der Beschaffenheit unserer Gedanken und der Bereitschaft, uns zu verändern ab. Das spirituelle Fasten möchte uns dafür öffnen, damit wir uns über das Geschenk des Lebens und den Wert desselben klar werden.

Zu seinem inneren Kern vorzudringen bedeutet sowohl mit seiner Angst als auch mit seiner Sehnsucht in Berührung zu kommen. Alle Menschen möchten geliebt werden und sie möchten lieben, aber viele verwechseln die Liebe mit der Erfüllung der eigenen Wünsche. In diesen Mustern sind wir groß geworden. »Wenn du für mich das tun würdest, dann hab ich dich lieb.« Ein Satz, der vielen von uns als Kind gesagt worden ist. Liebe aber ist selbstlos. So wie eine Blume ihren Duft verströmt, ohne danach zu fragen, wem dieser Duft gilt, so ist auch die Liebe bedingungslos und wählt nicht aus. Ein erster Schritt dahin könnte sein, dass wir die Menschen nicht mehr in gut und böse einteilen, sondern sie wahrnehmen als das, was sie sind: gut und böse, liebevoll und unwissend zugleich. »Vater vergib ihnen, denn sie wissen nicht, was sie tun.« So konnte Jesus selbst noch für die beten, die ihn ans Kreuz geschlagen haben.

Wir meinen oft, anderen Menschen helfen zu wollen, aber sehr oft verbirgt sich dahinter der eigene Wunsch nach Hilfe. Habe ich den Mut, von den eigenen Sehnsüchten abzulassen und habe ich mir die Mühe gemacht, einen anderen wirklich so zu sehen und zu verstehen, wie er ist? »Ich liebe dich«, so sagt der Verliebte zu seiner Geliebten, aber häufig wird nur das Bild geliebt, das sich der andere gemacht hat.

Ein weiterer Schritt ist die schonungslose Selbstkritik. Kritik meint keine Verurteilung, sondern die rechte Unterscheidung. Bin ich bereit, meine eigenen Beweggründe, meine Selbstsucht, meine Neigung kontrollieren zu wollen, meine Eitelkeit, meinen Ehrgeiz, meine Ruhmsucht – wie unter einer Lupe – deutlich anzuschauen und beim Namen zu nennen? Natürlich können das schmerzliche Prozesse und Entdeckungen sein, aber ist es nicht auch hilfreich, einmal über sich selbst weinen zu können? Denn erst dann, wenn ich das rechte Bewusstsein zu meinem Mitmenschen und zu mir selbst gefunden habe, kann ich vernehmen, was göttliche Liebe ist.

Beim spirituellen Fasten will ich nichts verschweigen oder schön reden. Ich blicke aus dem göttlichen Licht in das eigene Dunkel, denn Licht bedeutet nicht, dass es kein Dunkel mehr gibt, sondern dass das Dunkel erleuchtet und überwunden werden kann.

ZWEITER TEIL

Praktische Übungen und Anregungen zur spirituellen Begleitung des Fastens

1. Woche

Ich verzichte auf:

Übertriebene Geschäftigkeit

Ich gewinne:

Zeit für Stille

»Die schönsten Ereignisse sind nicht die lautesten sondern unsere stillen Stunden.«

Friedrich Nietzsche

Denkanstöße

Nun soll es losgehen und praktisch werden. Ich will in dieser Woche auf übertriebene Geschäftigkeit verzichten. Ich lese einen kurzen Text aus dem kleinen Prinzen, der mich zum weiteren Nachdenken herausfordert.

»Guten Tag«, sagte der kleine Prinz.«
»Guten Tag«, sagte der Händler.
Er handelt mit höchst wirksamen, durststillenden Pillen. Man schluckt jede Woche eine und spürt überhaupt kein Bedürfnis mehr, zu trinken.
»Warum verkaufst du das?« sagte der kleine Prinz.
»Das ist eine große Zeitersparnis«, sagte der Händler. »Die Sachverständigen haben Berechnungen angestellt. Man erspart dreiundfünfzig Minuten in der Woche.«
»Und was macht man mit diesen dreiundfünfzig Minuten?«
»Man macht damit, was man will ...«
»Wenn ich dreiundfünfzig Minuten übrig hätte«, sagte der kleine Prinz, »würde ich ganz gemächlich zu einem Brunnen laufen ...«

Aus: Antoine de Saint-Exupéry, Der Kleine Prinz

Diese Initialszene aus dem kleinen Prinzen von Antoine de Saint-Exupéry macht deutlich, wie wertvoll die Zeit ist. Für viele Menschen wäre es ein Traum, eine solche Pille zu besitzen, die uns Zeit schenkt. »... keine Zeit«, »... gerade verpasst haben«,

»... Schlange stehen«, »... höchste Eisenbahn«, »... gerade nochmal geschafft«. Kommt Ihnen das bekannt vor?

In dieser Woche will ich mir selbst Zeit schenken. Wie gelingt mir das? Zunächst setzte ich mich hin und plane die Woche. Ich nehme mir Zeit, um über meine *Frei-zeit* nachzudenken. Was täten wir, wenn wir plötzlich dreiundfünfzig Minuten mehr Zeit in der Woche hätten? Wie schön wäre das, denke ich, aber ich spüre, wie viele Erledigungen doch gemacht werden müssen. Inmitten von Dienstplänen, Mitarbeiterbesprechungen, Jubiläen, Freizeitangeboten, Doppelbelastung und guten Vorsätzen will ich mir Zeit nehmen. Mir kommt der Gedanke: Wenn ich heute ins Krankenhaus müsste, so hätte ich plötzlich Zeit und oftmals werden Menschen krank, weil sie überfordert sind und ihnen etwas fehlt. Ist jemand krank, so fragen wir: »Was fehlt dir denn?« In dieser Frage verbirgt sich das Wissen, dass in der Krankheit ein Teil des gesunden Lebens fehlt. Wir sind nicht rund, nicht bei uns selbst, sondern haben mit einer Krankheit zu kämpfen, die sich auch in der seelischen Störung zu Wort meldet. Mehr als ein Mal hörte ich die Klage: »Warum musste ich erst von einer Krankheit heimgesucht werden, um zu lernen, im gegenwärtigen Augenblick und nicht in der Zukunft zu leben?«

Immer wieder ist es der Schmerz, der den Menschen leitet. Solange es in einem Werk keinen Schmerz, keine Leidenschaft und keine sehnsüchtige Liebe gibt, wird der Mensch nicht danach streben. Warum gönnen wir uns nicht selbst die fehlenden Ruhe-Zeiten? Um dahin zu kommen, muss ich mich von meinem äußeren Druck verabschieden. Es gibt das geflügelte Wort »das gelassene Lassenkönnen«. Es umschreibt und befähigt das menschliche Herz, nicht nur alles loszulassen, sondern auch, sich selbst ganz fallenzulassen. Vom Kopf her wissen wir, alles einmal loslassen zu müssen. Von dem großen deutschen Mystiker Meister Eckhart (ca. 1260 – 1328), der das geistliche Leben des späten Mittelalters stark beeinflusst hat, stammt das Wort: »So lange lerne man sich lassen, bis man nichts Eigenes mehr behält. Alles Gestürm und aller Unfriede kommt allemal vom Eigenwillen, ob man's merke oder nicht. Man soll sich selbst mit all dem Seinen in lauterem Entwerden des Wollens und Begehrens in den guten und liebsten Willen Gottes legen.«

Ich lerne, all das Unerledigte loszulassen und habe in dieser Woche Zeit für mich. In meinem Kalender trage ich ein: »Termin mit mir selbst.« Jeden Tag in der Woche habe ich eine halbe Stunde Zeit für mich alleine. Ich habe mir vorgenommen, morgens eine halbe Stunde eher aufzustehen. Die ersten Tage gelingen mir gut, zumal ich versuche, am Abend entsprechend früher ins Bett zu gehen. Dennoch verstehe ich meine neu gewonnene Zeit nicht als Druck. Das Fasten möchte mich lehren, barmherziger und freundlicher mit mir selbst und meiner Umwelt umzugehen. Das frühere Aufstehen fällt mir immer noch schwer, aber wenn ich dann mit dem Hund im Morgengrauen spazieren gehe, fühle ich mich bereichert. Ich nehme bewusst die Leere auf den Straßen wahr. An manchen Häusern sehe ich, wie die ersten Zimmer erleuchtet sind. Im Erdgeschoss eines Hauses erkenne ich, wie eine Frau ihrem Mann in der Küche den Kaffee einschenkt und beide gemeinsam frühstücken. Was für seltene Bilder, denke ich. Ich gehe und denke dabei nach, wieviel Lebenszeit mir wohl noch geschenkt wird. Ich habe plötzlich Zeit, über solche Fragen nachzudenken.

Immer wieder höre ich diesen, ach so berühmten wie leidigen Satz: »Ich habe keine Zeit«. Und tatsächlich haben immer mehr Menschen das Gefühl, keine oder so wenig Zeit zu haben, weil die Möglichkeiten, zwischen denen wir uns entscheiden können, immer vielfältiger und bunter geworden sind. In Deutschland geben wir jedes Jahr Milliarden aus, um Wochenend- und Ferienfreizeit mit unzähligen Formen organisierter Betriebsamkeit zu vertreiben. In der Tat haben wir keine Zeit, aber dieser Satz gilt vor allem für unsere Seelen. Wir haben keine Ruhepunkte mehr. Jahrtausendelang ergab sich das Zeitmaß aus den Rhythmen der Natur, aus der Wiederkehr des Gleichen, Tag und Nacht, Frühjahr, Sommer, Herbst und Winter. Jetzt sind wir Menschen der Uhr geworden und haben immer weniger Zeit.

Unser Verstand sagt uns, dass wir alle gleich viel Zeit haben. Aber der Umgang mit ihr führt Menschen in Hektik und Depression. Sie verschieben es, ins Bett zu gehen, sie verschieben es aufzustehen. Sie können getroffene Vereinbarungen nicht einhalten, kein Buch lesen oder einfach nur einmal einen Spaziergang machen. Es gibt doch noch so vieles zu tun, sodass die Zeit für Muße einfach nicht da ist. So denken, reden und fühlen Menschen. Sie sind mit dem Symbol des Wassers zu beschreiben. Ein herabziehender Strudel, das wegreißende Wasser, das Meer von Schmerz, das keine Grenze hat. Das unendliche Meer, das keinen Anfang und kein Ende hat, in sich keine Kontur und Struktur.

Die Vereinten Nationen erklärten kürzlich, dass sich Stress zu einer »Jahrhundert-Epidemie« entwickelt hat. Der moderne Mensch hatte im Verhältnis zu seinen Vorfahren im letzten Jahrhundert noch nie so viel »Freizeit« wie heute. Und dennoch rasen wir durch die Zeit und haben keine Zeit. Wir haben nur das eine Leben. Unser Leben ist ein Geschenk auf Zeit. Es ist keine Generalprobe, sondern die Aufführung.

Ich will lernen, wieder eine Figur oder eine Form in dem ungegliederten Ablauf meiner Zeit zu gewinnen. Vielleicht dadurch, dass ich mir Tag für Tag, Woche für Woche die Zeit einteile, mir Zeit nehme, sie einplane, um mir ein gesundes Essen zuzubereiten. Ich plane, zu bestimmten Zeiten des Tages ein Buch zu lesen, einen Spaziergang zu machen, einen Menschen zu besuchen. So baue ich Form um Form, bis das Leben wieder eine erkennbare Figur hat. Und diese Figur stützt den Menschen von außen nach innen, bis er sich wieder selbst gewinnt.

Ich verzichte in dieser Woche fast ganz auf das Fernsehen und plötzlich wird mir Zeit geschenkt. Den Einwand, man muss doch informiert sein, lasse ich für mich nicht gelten. Morgens höre ich Nachrichten im Radio und ich habe nicht das Gefühl, nicht mehr informiert zu sein. Viele Meldungen aus dem Fernsehen, welcher Star sich z. B. gerade scheiden lässt oder Ähnliches interessieren mich nicht, denn sie haben so wenig mit meiner Lebensmitte und meiner Lebenswirklichkeit zu tun. Auch das verstehe ich nicht als ein Gesetz, sondern ich erlebe, wie ich eine Freiheit zurückgewinne, die Freiheit *wählen* zu können. Um wählen zu können, muss ich mir verschiedene Möglichkeiten vor Augen halten. Gegen den Sog, keine Zeit zu haben, gilt es, eigene Wertvorstellungen zu prüfen und dagegen zu stellen. Wir brauchen *Aus-Zeiten*, um zu erkennen, was im Leben zählt und mich trägt. Ich lerne, das Wesentliche vom Unwesentlichen zu unterscheiden. Ganz bewusst nutze ich die gewonnene Zeit, um mir Fragen zu stellen, die ganz tief in meiner Seele auf Antwort warten.

Ich verzichte in dieser Woche auf übertriebene Geschäftigkeit und gewinne Zeit für Stille, die mich lehrt, wie man lebt.

Übungen

Reservieren Sie sich Zeit. Gehen Sie behutsam mit sich um. Freuen Sie sich auf einen Besuch bei sich selbst. Setzen Sie sich hin oder gehen Sie alleine spazieren und fragen Sie sich:

Wie gehe ich mit meiner Zeit um?

Wie habe ich bisher mein Leben gelebt?

Bin ich zufrieden mit meinem Leben?

Was war gut in meinem Leben?

Was möchte ich verändern?

***Wofür will ich mir
in der kommenden Woche Zeit nehmen?***

2. Woche

Ich verzichte auf:

Die Meinung anderer Leute

Ich gewinne:

Erkenntnis über mich selbst

»Wenn wir darauf Acht geben, wie wir mit uns selbst umgehen, dann brauchen wir nicht mehr darüber nachdenken, wie wir sein sollten.«

Moshé Feldenkrais

»Ah, ah, schau, schau, ein Bewunderer kommt zu Besuch!«, ruft der Eitle schon von weitem, als er den kleinen Prinzen kommen sieht. Denn für den Eitlen sind alle anderen Leute Bewunderer.

Diese Szene aus dem kleinen Prinzen stellt für mich versteckt die Frage, warum wir Menschen die Bewunderung von außen so wichtig nehmen? Warum können die Menschen sich ihre Wertigkeit nicht selbst bezeugen, sondern machen sich dabei ausschließlich von anderen Menschen abhängig? Warum gestatten es sich so viele Menschen nicht, sie selbst zu sein? Dem kleinen Prinzen ist die Geltungsneurose des Eitlen unverständlich. »Nach fünf Minuten wurde der kleine Prinz der Eintönigkeit dieses Spiels überdrüssig.«

Ein Großteil von Problemen entsteht, weil Menschen nicht persönlich ihre Entscheidungen treffen, sondern sich durch andere bestimmen lassen. Sie werden gelebt, anstatt das Recht der Wahl für sich in Anspruch zu nehmen, und somit selbst zu leben, und die wunderbaren Angebote, die sich uns – wenn wir nur offen dafür sind – in den Weg stellen. Das eigene Leben ist das kostbarste Gut, das wir haben und deshalb darf jeder Mensch sein Leben als kostbares Geschenk mit Würde betrachten und wie mit einem teuren Schatz mit ihm umgehen. Wir Menschen brauchen Bestätigung und Anerkennung. Die Selbsterfahrung des heutigen Menschen ist häufig ein mangelndes Selbstwertgefühl. Darunter leiden auch jene Menschen, die im Beruf die Karriereleiter emporgestiegen sind.

Ich will in dieser Woche bewusst wahrnehmen, wo mir Menschen Anerkennung oder Kritik entgegenbringen. Ich will mich fragen, warum mir besonders die Anerkennung so wichtig ist? Warum lege ich auf das positive Urteil anderer Menschen so viel Wert? Warum soll ich mich nach ihrem Bild formen, anstatt nach meinem eigenen Bild zu leben? Ich überlege, wann mich ein anderer Mensch als klug, attraktiv, charmant oder freundlich bezeichnet hat?

Ich hätte das Kompliment ablehnen können, weil es auch mir schwer fällt, Lob anderer Menschen zu hören, denn ich selbst kenne doch auch die verborgenen Untiefen in mir. Ich habe das Kompliment dankbar angenommen, aber nun überlege ich, dass in der Annahme auch eine Falle liegen kann. Ich bin nämlich weder attraktiv noch abstoßend, weder freundlich noch barsch. Ich bin ich, so wie ich bin – und damit bin ich gut. Lasse ich mich von der Anerkennung oder der Kritik anderer Menschen in den Bann ziehen, dann bin ich gefangen. Ich setzte mich damit dem Druck – und oftmals auch den Launen – anderer Menschen aus. Denn bin ich heute klug und attraktiv, so kann es sein, dass ich ein paar Tage später hässlich und abstoßend wirke. Ich will mir klarmachen, dass solche Urteile nichts mit mir zu tun haben, sondern mich dieser oder jener im Augenblick so empfindet – mehr nicht. Wo ich allein aus der Anerkennung heraus agiere, verrate ich mich selbst.

Ich will dankbar annehmen, dass Gott mir meine Würde geschenkt und er mich zur Freiheit berufen hat. Ich möchte keinem Menschen Macht über mich geben – auch nicht die Macht, dass ich mich über ihn ärgere. Kein Mensch hat das Recht, einen anderen in seiner Würde anzutasten oder ihn in seiner Gott geschenkten Freiheit zu begrenzen. Denn es tut weh, wenn wir uns von einem anderen abhängig fühlen, wenn andere Menschen über uns bestimmen und wir in ihrer Nähe nicht anders können, als ihren Erwartungen entsprechen. Wie lange habe ich das Spiel der Erwartungen mitgespielt, bis ich erkannte, dass mein Verhalten den einzigen Wunsch in sich trug, vom anderen gemocht zu werden. Heute fühle ich mich frei und nehme mir die Freiheit, Dinge zu sagen, die auch verärgern können. Mein Reden muss sich nicht mehr nach den Erwartungen und Wünschen anderer Menschen richten, denn dadurch werde ich unfrei, indem ich mich anderen Menschen gegenüber unterwürfig verhalte und ihnen dadurch Macht über mich verleihe. Frei aber fühle ich mich, wenn ich die Reaktionen anderer Menschen nicht fürchte, wenn ich keine Angst davor haben muss, was der andere über mich denken wird. Das bedeutet nicht, jedes Mal mit meiner Wahrheit ohne Rücksicht auf die jeweilige Situation hervorzubrechen. Denn wenn ich meinem Gegenüber alles an den Kopf werfe, dann bin ich meist verärgert und mir selbst und dem anderen gegenüber nicht wirklich frei. Ich habe oft erlebt, dass sich bei Menschen, die mir mit starkem Widerspruch begegneten, dahinter der Wunsch verbarg, Unausgesprochenes einmal aussprechen zu dürfen. Auch darin besteht Freiheit, dem anderen sein Wort und seine Wahrheit zu gewähren und Konfrontation als Möglichkeit des Wachstums zu begreifen.

In dieser Woche geht es mir aber nicht nur um diese psychologische Ebene, sondern auch um eine spirituelle Dimension, in der mir zugesagt wird, dass ich von Gott gut gemeint bin und dass Gott möchte, dass wir in Freiheit leben. Bevor ich mich jedoch auf diese Wahrheit einzulassen vermag, muss ich mich meiner eigenen Realität, d. h. meinen eigenen Ohnmachtsgefühlen und dem Wunsch nach Anerkennung stellen. Ich werde Gott nicht begegnen, wenn ich mir nicht selbst begegnen kann, denn Gott wurde Mensch und stieg in die menschlichen Niederungen herab, damit auch wir Menschen die Kraft finden, in die eigene Ohnmacht hinabzusteigen, um dann zu Gott aufzusteigen. Ich fühle mich entspannt und baue innerlich eine äußere Mauer um mich herum, die mich vor Werturteilen anderer Menschen schützen soll.

Ich verzichte in dieser Woche auf die Meinung anderer Leute und erkenne mich selbst: Ich bin so, wie ich bin.

Übungen

Gönnen Sie sich Ruhe, schließen Sie die Augen und betrachten Sie ihr Leben von der Gegenwart in die Vergangenheit.

Wer bin ich und wer war ich?

Was hat mir im Leben bisher geholfen?

Wessen Meinung war mir bisher sehr wichtig und warum war sie mir so wichtig?

Welche eigenen Gedanken will ich in meinem Tagebuch notieren?

Psalmen sind Gebete, die das Volk Israel zu allen Zeiten durch Freud und Leid getragen haben. Schließen Sie jeden Tag in dieser Woche mit dem einen Satz aus dem Psalm 139, Vers 14:

»Ich danke Dir Gott,
dass ich wunderbar gemacht bin.«

3. Woche

Ich verzichte auf:

Genussmittel

Ich gewinne:

Klarheit

»Nicht die Droge ist's, sondern der Mensch.«

Walther H. Lechler

Denkanstöße

In dieser Woche will ich auf Genussmittel verzichten. Zwischen Schokolade und Alkohol wollte ich mich entscheiden. Ich habe mich für den Alkohol entschieden, denn manchmal bin ich fast über mich selbst erschrocken, wie regelmäßig und manchmal sogar unkontrolliert ich Alkohol zu mir nehme. Ein Glas Wein am Abend, ein Glas Sekt zum Anstoßen, eine Flasche Bier zum Essen. Die gesellschaftliche Droge »Alkohol« hat sich so etabliert, dass sie zum Feiern oder zu einem gemütlichen Abend einfach dazugehört. Vor allem ist der Übergang vom rechten Gebrauch zum Suchtverhalten so fließend. In Deutschland rangiert der Alkohol an der Spitze der Suchtprobleme. Wir wissen, dass Sucht eine gravierende seelische Störung darstellt und Bewusstseinsveränderungen zur Folge hat. In dieser Woche möchte ich also bewusst auf Alkohol verzichten und mich stattdessen einmal an einem kühlen Glas Sodawasser mit einer Scheibe Zitrone erfreuen.

Ich verzichte eine Woche auf lieb gewonnene Gewohnheiten. Natürlich geschieht das freiwillig. In dem Wort Fasten, steckt auch das Wort »fest« im Sinne von »festhalten«. Ich möchte eine Woche lang an den von mir gesteckten Zielen und Vorsätzen festhalten. Nicht im Sinne von sturen Geboten, sondern es geht mir um wegweisende Pfade, die in meiner eigenen Verantwortung liegen.

Wenn ein Mensch über den Durst hinaus getrunken hat, so fragen wir ihn später: Bist du wieder nüchtern? Alkohol vernebelt unsere Sinne und umgibt unser Denken wie mit einem Schleier. Das Wort nüchtern hatte vor allem im klösterlichen Leben seinen festen Sitz. Daher ist die Annahme nahe, es sei aus *nocturnus*, also nächtlich entlehnt. Drei Nachtwachen (Nokturnen) hatte der nächtliche Gottesdienst der Mönche (Vigilie). Ursprünglich ist Vigilie ein die ganze Nacht währender Gottesdienst und früher schlossen die Quatember-Fasten am Mittwoch, Freitag und Sonnabend ebenfalls mit Vigilien ab. »Bleibet hier und wachet mit mir! Wachet und betet, wachet und betet!« So lautet ein liedförmiges Gebet nach Taize, das von Einzelnen angestimmt und so lange wiederholt wird, bis alle versammelt und zur Ruhe gekommen sind.

Menschen, die viel trinken verändern ihre Persönlichkeit und sehen die Welt und Menschen um sich herum verzerrt und schemenhaft. Wir kennen den Spruch, eine Sache ganz nüchtern zu betrachten. Damit wird ausgedrückt, wie wichtig es sein kann, in einem Gespräch oder einer Diskussion, eigene Emotionen einmal beiseite zu lassen. Nüchternheit schenkt uns Klarheit, die Dinge so zu sehen, wie sie sind. Wichtige Entscheidungen treffen wir bei klarem Verstand. Die wahre Freiheit zeigt sich gerade darin, auf etwas verzichten zu können, ohne dabei sich selbst zu verlieren.

Ich verzichte in dieser Woche auf eine mir lieb gewordene Gewohnheit und gewinne die Selbsterkenntnis, bewusst verzichten zu können.

Übungen

Hinter jeder Sucht oder Gewohnheit steckt Sehnsucht. Es ist die Sehnsucht nach gelingendem Leben und Lieben. Stellen Sie sich die folgenden Fragen:

Auf welche Genussmittel könnte ich am wenigsten verzichten?

Was habe ich in den letzten 7 Tagen z. B. an Alkohol oder Schokolade etc. konsumiert?

In welchen Punkten meines Lebens bin ich unklar?

Worüber möchte ich Klarheit gewinnen?

4. Woche

Ich verzichte auf:

Selbstanklage

Ich gewinne:

Selbstvertrauen

»Sobald du dir vertraust,
sobald wirst du leben.«

J. W. v. Goethe

Denkanstöße

Das Klagen über sich und andere führt meistens in die Sackgasse. Das wehmütige Lecken der eigenen Wunden und das sich Fallenlassen in irrationale Sehnsüchte, scheint bei Menschen oft größeren Nutzen zu haben, als der Wunsch nach Veränderung. Keiner und schon gar nicht Gott, nimmt uns Entscheidungen ab, sondern der Mensch ist berufen, für sich selbst Verantwortung zu übernehmen und Entscheidungen zu treffen.

Vor einigen Wochen las ich folgende Geschichte: Es war einmal ein Kojote, der sich den Anforderungen, die das Leben an ihn stellte, nicht mehr gewachsen fühlte. Alles, was er sehen konnte, waren zu viele hungrige Junge, zu viele Jäger, zu viele Fallen. So lief er eines Tages davon, um allein zu sein. Plötzlich vernahm er die Töne einer süßen Melodie, einer Melodie, die sich nach Wohlergehen und tiefstem Frieden anhörte. Als er dem Lied bis zu einer Lichtung im Wald folgte, entdeckte er eine große Heuschrecke, die sich auf einem hohlen Baumstamm sonnte und sang. »Bring mir dein Lied bei«, bat der Kojote die Heuschrecke. Keine Reaktion. Wieder verlangte er, dass die Heuschrecke ihm das Lied beibringe. Diese blieb aber weiterhin stumm. Als der Kojote schließlich drohte, sie zu verschlingen, gab die Heuschrecke nach und sang das süße Lied immer wieder, bis der Kojote es auswendig kannte. Der Kojote summte sein neues Lied und machte sich auf den Rückweg zu seiner Familie. Plötzlich flog ein Schwarm von Wildgänsen auf und lenkte ihn ab. Als er wieder einen klaren Kopf hatte, machte er den Mund auf, um wieder zu singen, musste aber entdecken, dass er das Lied vergessen hatte. Folglich kehrte er zu der sonnigen Lichtung im Wald zurück. Doch inzwischen hatte sich die Heuschrecke gehäutet. Sie hatte ihre leere Haut zum Sonnen auf demselben hohlen Baumstamm zurückgelassen und war auf den Ast eines Baumes geflogen. Der Kojote verlor keine Zeit, sondern sorgte dafür, dass er das Lied dauerhaft im Magen hatte. Mit einem Happen schluckte er den Heuschreckenpanzer herunter, da er glaubte, die Heuschrecke befinde sich noch darin. Als er den Heimweg antrat, entdeckte er, dass ihm das Lied noch immer nicht einfiel. Da ging ihm auf, dass er es nicht dadurch lernen konnte, indem er die Heuschrecke verschlang. Er würde sie befreien und zwingen müssen, ihn das Lied zu lehren. Er nahm ein Messer und schnitt sich in den Unterleib, um die Heuschrecke freizulassen. Er schnitt jedoch so tief, dass er starb.

Daraus folgt: Ich beginne, mein eigenes Lied zu singen. Mein Leben ist Klang und ich tanze im Rhythmus meiner eigenen Melodie. Seelische Gesundheit heißt, Abhängigkeiten Lebewohl sagen zu können. Veränderung beginnt, wenn in uns der Wille zur Veränderung aktiviert worden ist, denn der Wille ist wie eine Initialzündung, die uns in Gang bringt. Was nützt uns Erkenntnis, wenn sie uns nicht in Bewegung setzt? Das Fasten als erkenntnistheoretische Bereicherung wahrzunehmen bleibt wertlos, wenn wir diese Erkenntnis nicht *erlebbar* machen und gewinnbringend für das eigene Leben nutzen. In dieser Woche will ich darauf verzichten, mich selbst anzuklagen. Das meint nicht, dass ich die dunklen Seiten in mir leugnen möchte, aber diese dürfen nicht dazu führen, eine dunkle Brille aufzusetzen, die meine Wirklichkeit ebenso verfälscht, wie die rosarote.

Als ich ein Kind war, sagte mir ein Lehrer: »Das lernst du nie!« Solche Sätze sitzen, prägen und verändern. Mit dieser »schwarzen Pädagogik« sind viele Menschen erzogen worden. Später kamen andere Sätze hinzu: »Das schaffst du nicht. Ich habe schon immer gewusst, dass du uns enttäuschen wirst. Du bist zu dick, zu klein oder zu hässlich.« Wie viele solcher Sätze haben sich als »falsche Wahrheit« bei uns eingenistet und uns in der Entwicklung gehemmt? Erst heute weiß ich, was Selbstvertrauen oder Selbstbewusstsein meint, nämlich sich seiner selbst bewusst zu sein: mich in den eigenen Grenzen und Möglichkeiten erkennen, annehmen und lieben zu können.

Wir werden auf unserem Fastenweg Rückschläge erleiden, denn es ist oft sehr schwer, die eingefahrenen Gleise zu verlassen. Wir können aber freundlicher mit uns selbst umgehen, indem wir die Quelle unserer Selbstanklage und die damit oft verbundene Einsamkeit erkunden. Denn es ist hilfreich, den Ursprung unserer Gefühle genau ausfindig zu machen. Das Weglaufen oder Verdrängen bringt langfristig nichts, denn wir verändern damit nicht die Wirklichkeit. Die spirituelle Aufgabe besteht also darin, sich weder durch Selbstanklage herunterziehen zu lassen, noch davonzulaufen, sondern die Quelle und den Grund der Selbstanklage ausfindig zu machen.

Diese Aufgabe hat weniger mit unserem Verstand als vielmehr mit der Bereitschaft unseres eigenen

Herzens zu tun, auf die Suche nach dem Grund unserer negativen Gefühle zu gehen, die uns anklagen und depressiv machen können.

In dieser Woche verzichte ich darauf, mich ständig selbst anzuklagen, ich mache mich auf die Suche, entlarve falsche Wahrheiten und entdecke Gutes über mich selbst.

Übungen

In jedem Menschen schlummern schöpferische Kräfte. Wir müssen sie nur entdecken. Denken Sie über folgende Fragen nach und notieren Sie sich die Antworten!

Was kann ich erschaffen, gestalten oder herstellen?

Welche Stimmen (Menschen) in mir machen mir Mut?

Welche Stimmen (Menschen) in mir ziehen mich runter?

Was denke ich von mir selbst und was kritisiere ich an mir?

Welche Kritikpunkte kommen aus mir und welche sind mir von anderen eingegeben?

Diese Woche will ich versuchen, einen Menschen zu besuchen von dem ich weiß, dass mir seine Gesellschaft gut tut. Am Abend überdenke ich den Tag und mache mir Notizen!

5. Woche

Ich verzichte auf:

Viele Worte

Ich gewinne:

Neues Hören

»Behüte deine Zunge vor
Bösem und deine Lippen,
dass sie nicht Trug reden.
Lass ab vom Bösen und tu
Gutes; suche Frieden
und jage ihm nach.«

Psalm 34, 13-15

Denkanstöße

»Reden ist Silber, Schweigen ist Gold«, so erzählt der Volksmund. Auch wenn sich dahinter eine uralte Wahrheit und Weisheit verbirgt, so nützt es uns nichts, wenn wir dieses Geheimnis nicht für uns selbst erschlossen haben. In dieser Woche will ich bewusst auf meine Worte achten. Die Inflation der Worte hat es mit sich gebracht, dass das Wort nicht mehr viel zählt. Es wird geredet, getratscht, informiert, gelogen und verleumdet. Doch wie selten hören wir noch und wie wenig erfahren wir von dem aufrichtenden und tröstenden Wort, das Menschen Lebenskraft schenkt?

Ich will meine Worte beobachten und überlegen, warum ich viel oder wenig rede. Mir wird sehr schnell klar, dass meine vielen Worte oft nur den einen Grund haben, im Mittelpunkt stehen zu wollen. Durch Reden erhalte ich Beachtung.

Menschen, die viel reden, stehen in Gefahr, die innere Wachsamkeit gegenüber der eigenen Wahrheit zu vernachlässigen. Dieses bedeutet den Verlust der echten Sprachfähigkeit. Wer viel redet, ist nicht bei sich und spürt das eigene Herz nicht, denn im Reden falle ich aus meiner eigenen Mitte heraus. Die Mitte in mir ist jener Raum, in dem ich ganz ich selbst bin. Ich bin gesammelt und warte, wie einer, der die Segel ausspannt vor dem Wind. Vielleicht erreicht mich dabei ein anderes Wort, das wirkt. Ich schweige, um zu hören. Die Mitte fühlt sich so leicht an.

Ich verzichte auf viele Worte und gewinne ein neues Hören. In dieser Woche will ich mich ganz bewusst auf die Menschen einlassen, mit denen ich im Gespräch bin. Ich mache mir vorher bewusst, dass ich zuhören möchte. Wie wenige Menschen in unserer Gesellschaft können überhaupt noch gute Zuhörer sein?

Gott schuf den Menschen mit zwei Ohren aber mit nur einem Mund. Durch das Tor »Ohr« gelangt alles in den Menschen. Es gibt eine wunderbare urchristliche Legende: Maria hat Jesus durch ihr Ohr empfangen. Warum wohl durch das Ohr? Weil es das Organ ist, das zum Sein und zum Ur-Grund führt.

Der Mensch ist auf das Hören angewiesen. Dennoch reden wir mehr als wir hören. Haben Sie einmal beobachtet, in wie vielen Gesprächen, Menschen aneinander vorbei reden? Der Gesprächsfetzen des einen wird aufgenommen, um einen eigenen Beitrag zu geben. Es finden weniger Gespräche statt, als vielmehr aneinander gereihte Redebeiträge. Sehr oft stellt sich dann plötzlich die Frage: Wie sind wir eigentlich auf dieses Thema gekommen?

Die Menschen wollen reden. Sie suchen nach Zuhörern, weil sie im Tiefsten mit sich selbst nicht zufrieden sind. Noch nie wurde in einer Gesellschaft so viel gesprochen, telefoniert und kommuniziert. Sehr oft verbirgt sich dahinter unausgesprochene Sinnlosigkeit, Verlorenheit und das Gefühl der Verlassenheit.

Ich verzichte in dieser Woche auf viele Worte und höre anderen zu, um so auch mehr über mich selbst zu erfahren.

Übungen

Die folgende Übung lädt zum schweigenden Hören ein. Egal, was Sie hören, es ist da. Es ist Ihr Leben.

Setzen Sie sich hin und hören Sie auf Ihren Atem ...

Wenn Sie das eine Weile getan haben,
hören Sie durch den Atem hindurch ...

Hören Sie den Raum, in dem Sie sitzen?

Vielleicht das Knacken der Heizung,
oder das Ticken der Uhr?

Und hören Sie jetzt durch den Raum hindurch ...
Schritte ... Vögel ... Musik ... Autolärm?

6. Woche

Ich verzichte auf:

Nahrung an einem Tag

Ich gewinne:

Wohlbefinden

»Die Schmerzen sind's, die ich zu Hilfe rufe, denn sie sind Freunde, Gutes raten sie.«

J. W. v. Goethe

Denkanstöße

Unser Ernährungsverhalten hat in den letzten Jahren zu einem dramatischen Anstieg der »Wohlstandskrankheiten« geführt. Wir essen zu viel, zu fett, zu kalorienreich, zu nährstoffarm und zu ballaststoffarm. Hinzu kommt der Missbrauch von Genussmitteln wie Alkohol, Nikotin, Kaffee und dergleichen mehr. Über die Hälfte der Deutschen sterben an einer Herz-Kreislauf-Erkrankung (darunter versteht man im wesentlichen die Veränderungen des arteriellen Systems).

Hand aufs Herz – überprüfen Sie einmal Ihr Körpergewicht und schauen sich kritisch Ihr Essverhalten an! Gehören Sie auch zu der so genannten Risikogruppe, d. h. zu den Menschen, die in irgendeiner Form an Herz-Kreislauf- oder Magen-Darm-Erkrankungen, Erkrankungen von Leber, Galle, Bauspeicheldrüse, Niere oder Atemwegen leiden? Wir wissen heute sehr viel über gesunde Ernährung, aber es gelingt uns nur schwer, das Wissen in die Tat umzusetzen. Wer achtet z. B. darauf, täglich mindestens zwei Liter Flüssigkeit zu trinken?

Hinzu kommt, dass der gestresste Wohlstandsmensch sich zu wenig körperliche Bewegung verschafft. Selbst kleine Wege zum Einkaufen werden mit dem Auto erledigt, anstatt sich dabei einen Spaziergang zu gönnen. Wir haben es verlernt, unsere körperlichen und seelischen Bedürfnisse wahrzunehmen. In klassischen Heilfastenkuren ist die körperliche Betätigung ein fester Bestandteil des Programms.

In dieser Woche will ich einen Tag nichts essen, sondern mit viel Flüssigkeit auskommen. Ein Fastenarzt erzählte mir, dass ein wöchentlich durchgeführter Fastentag grundsätzlich zu begrüßen ist. Wäre es nicht schön, sich einen Tag in der Woche beweisen zu können, ohne Verdruss auf Nahrung zu verzichten? Vielleicht erscheint uns diese Vorstellung zunächst als ungemütlich, aber das erlebte und freimachende Gefühl entschädigt für diese Entscheidung. Vielleicht hilft es, sich klarzumachen: Wir »fasten« unbewusst schon immer, zumindest in der Zeit zwischen der letzten Mahlzeit am Abend und dem Frühstück.

Der Verzicht auf Nahrung an einem Tag in der Woche ist medizinisch völlig risikolos. Natürlich darf dieser eintägige Verzicht nicht mit einer Fastenkur verglichen werden. Es geht darum, für sich den Weg der kleinen Schritte zu beginnen. Einen Fastentag in der Woche einzulegen ist zugleich eine Unterbrechung des Alltagstrotts mit den festgelegten Gewohnheiten.

Ich will diese Zeit nutzen, um meine Lebensführung mit neuen Grundsätzen einzurichten. Ich muss bereit sein, für mich und mein Wohlbefinden etwas tun zu wollen. Vielleicht werden Sie nicht gleich die körperliche Reaktion wahrnehmen, aber beobachten Sie zugleich die Änderung in Ihrer Gefühlslage.

Ich verzichte an einem Tag dieser Woche auf Nahrung und gewinne ein neues Körpergefühl.

Übungen

Wann haben Sie sich zuletzt bewusst im Spiegel angeschaut? Was empfinden Sie, wenn Sie Ihr Spiegelbild betrachten? Mögen Sie sich eigentlich? Probieren Sie es aus! Stellen Sie sich bewusst vor den Spiegel und betrachten sich! Fragen Sie sich dabei:

Bin ich zufrieden mit meinem Aussehen?

Was hätten Sie lieber anders?

Wie realistisch ist Ihr Wunsch?

Sprechen Sie morgens mit Ihrem Spiegelbild und wünschen Sie sich einen fröhlichen Tag (das klingt albern, aber probieren Sie es trotzdem aus)! Nehmen Sie sich am Fastentag einen längeren Spaziergang z. B. im Wald oder am See vor!

7. Woche

Ich verzichte auf:

Lüge

Ich gewinne:

Wahrhaftigkeit

»Erforsche mich, Gott, und erkenne mein Herz; prüfe mich und erkenne, wie ich's meine. Und sieh, ob ich auf bösem Wege bin, und leite mich auf ewigem Wege.«

Psalm 139, 23–24

Denkanstöße

Wenn ich dazu einlade, in dieser Woche einmal bewusst auf die Lüge zu verzichten, um Wahrhaftigkeit zu gewinnen, so meint das nicht, dass wir Menschen uns permanent belügen.

Vielmehr will ich in dieser Woche mehr auf meine Worte und mein Verhalten achten. Ich will keine Angst haben, mich zu erkennen geben, so wie ich bin, weil ich zu allem, was ich sage und tue, stehen will. Ich will mich nicht verbergen, auch wenn in mir Worte auftauchen, die mir unangenehm werden könnten. Ich will keine Zuneigung vortäuschen, wenn ich innerlich Abwehr gegen einen Menschen spüre. Ich weiß, dass dieses keine leichte Aufgabe ist, aber ich weiß auch, dass es viel Energie bedarf, um ständig vor der eigenen Meinung Reißaus zu nehmen und diese vor anderen Menschen verbergen zu müssen.

Oft sind es die Menschen, mit denen wir am meisten zu tun haben, denen wir mit Lüge begegnen. Wir haben gegenseitig ein festes Bild voneinander, und diesem Bild entsprechend verhalten wir uns auch. Ich entsinne mich an eine Begegnung mit einem Menschen, der plötzlich eine andere Seite in mir entdeckte. Er half mir dabei, diese verschüttete Seite auszugraben und zu leben. Sich der Lüge zu verweigern bedeutet, sich der Wahrheit zu stellen. Zu dieser Wahrheit gehört, dass wir Menschen sehr viel mehr Lebensquellen in uns tragen, als wir uns eingestehen. Wir leben aber oft nicht aus jenen Quellen. Wir wünschen uns zwar, völlig so zu sein, wie wir im Grunde des Herzens sind, aber die Erlaubnis dazu, die verweigern wir uns oft. Und kein anderer Mensch wird uns diese Erlaubnis geben, es sei denn wir tun es selbst.

Ich will auf Lüge verzichten, um neue Wahrhaftigkeit zu gewinnen. Die Wahrheit kann auch manchmal schmerzlich sein. Sich der Wahrheit zu stellen meint, genau in sich hineinzuschauen. Das Schmerzlichste, das ich in meinem Leben tun konnte, das, wovor ich am meisten Angst hatte, war das Schauen in mein eigenes Herz. Je öfter ich diesen Schritt wage, desto mehr spüre ich, dass etwas Neues entsteht.

Das deutsche Wort Lügen leitet sich mit aus dem Verb »liegen« ab. Auch wenn es dafür keine Belege gibt, so liegt für mich in dieser Ableitung symbolischer Charakter: Wer lügt, kann nicht mehr aufrecht gehen, der liegt am Boden. Wer lügt, macht sich selbst klein, denn er belügt in erster Linie sich selbst.

Das Gegenteil von der Lüge ist die Wahrhaftigkeit. Ein Mensch ist wahrhaftig, wenn er in sich selbst stimmig ist. Er ist ein Mensch ohne Berechnung. Er ist frei von Intrigen und von Überlegungen, wie er sich anderen gegenüber irgendwie im besseren Licht darstellen könnte.

Die griechische Sprache benutzt für den Begriff Wahrhaftigkeit den Ausdruck *aletheia*. Damit wird eine Aufrichtigkeit, Zuverlässigkeit und Wahrhaftigkeit beschrieben, die sich sowohl in der Gesinnung als auch im Wandel ausdrückt. Die Unverborgenheit des Seins kommt zum Ausdruck, indem ich mich offen zeige. Ich habe es eigentlich doch überhaupt nicht nötig, mich zu verstecken, und auch meinen dunklen, meinen negativen Seiten kann ich mich stellen, indem ich sie anschaue. Ich verzichte darauf, immer selbst gut sein zu wollen und gewinne dabei das Vertrauen, dass Gott mich gut gemeint hat.

Auf Lüge zu verzichten kann aber auch bedeuten, meine eigene innere Stimme der Selbstverachtung zum Schweigen zu bringen, denn sie verspottet und lähmt mich. Das mangelnde Selbstwertgefühl verführt dazu, sich so zu verhalten, wie man meint, dass andere einen sehen möchten, um so die anerkennenden Streicheleinheiten zu erhalten.

Ein wahrhaftiger Mensch stellt sich der Wahrheit des Herzens. Er erlaubt es sich, so zu sein, wie er im Grunde seines Herzens ist. Ein wahrhaftiger Mensch hat ein Herz, das klar, lebendig, wach und mitfühlend ist. Er hat eine klare Wahrnehmungsfähigkeit und das Gespür und Feingefühl, in jeder Situation entsprechend zu reagieren. Das bedeutet nicht, allen Menschen gerecht werden zu müssen. Manchmal sind wir zum Handeln gezwungen, ein anderes Mal werden wir uns zurückhalten müssen. Manchmal ist es besser zu schweigen, und wiederum kann es richtig sein, auch unangenehme Worte zu sagen, die uns nicht beliebter machen, aber unserer Wahrheit entsprechen.

Ich verzichte in dieser Woche darauf, mir und anderen bewusst etwas vorzuspielen und mich bzw. sie anzulügen. Dadurch lerne ich mich selbst anzunehmen.

Übungen

Nehmen Sie sich diese Woche vor, die letzten Gedanken des Tages im schweigenden Gebet zu verbringen. Aus der Mystik ist uns diese Art und Weise des inneren Gebets bekannt (*Contemplatio*). Erwarten Sie nicht zuviel auf einmal. Wir werden nicht das ganze Leben verändern, aber die Kunst liegt in der Regelmäßigkeit der kleinen Schritte. Ziehen Sie sich zurück, zünden Sie eine Kerze an und lassen Sie Stille einkehren.

Stellen Sie sich nun vor,
Ihr Gewissen möchte Ihnen eine Frage stellen!

Welche Frage wäre das?
Notieren Sie sich diese Frage!

Schließen Sie jeden Abend mit folgendem Gebet:

Guter Gott, schärfe meine Sinne,
dass ich deine Wahrheit erkenne,
deinen Frieden finde
und deine Freude empfange.

Ein Wort zum Schluss

Egal, wie weit Sie gekommen sind. Sie haben begonnen und sich auf die Spur begeben.

Dieses Buch wollte Mut machen, sich auf das Fasten einzulassen, um in uns Menschen all jene Kräfte zu wecken, die unser individuelles, körperliches und geistiges Wohlgefühl fördern. Vielleicht sind Sie auf den Geschmack gekommen und sind bereit, tiefer in das Geheimnis des Fastens einzudringen.

In uns allen lebt ein Bild, wie wir sein sollten. Je mehr wir uns diesem Bild nähern, desto mehr wächst in uns der Friede und das Wohlgefühl.